U0725769

· 郦波解读中华传统智慧

郦波讲

学习之道

郦波 著

GUANGXI NORMAL UNIVERSITY PRESS

广西师范大学出版社

· 桂林 ·

LIBO JIANG XUEXI ZHI DAO
郦波讲学习之道

出版统筹：汤文辉
品牌总监：张少敏
选题策划：耿　磊　　冬早文化
责任编辑：王芝楠
美术编辑：刘淑媛
营销编辑：欧阳蔚文　赵　迪
责任技编：郭　鹏

图书在版编目（CIP）数据

郦波讲学习之道 / 郦波著. —桂林：广西师范大学出
版社，2020.9（2024.7 重印）
（郦波解读中华传统智慧）
ISBN 978-7-5598-3058-6

Ⅰ. ①郦… Ⅱ. ①郦… Ⅲ. ①中华文化－青少年读物
Ⅳ. ①K203-49

中国版本图书馆 CIP 数据核字（2020）第 134978 号

广西师范大学出版社出版发行
（广西桂林市五里店路 9 号　邮政编码：541004）
（网址：http://www.bbtpress.com）
出版人：黄轩庄
全国新华书店经销
唐山富达印务有限公司印刷
（河北省唐山市芦台经济开发区农业总公司三社区　邮政编码：301501）
开本：880 mm × 1 240 mm　1/32
印张：6　　　字数：93 千字
2020 年 9 月第 1 版　　2024 年 7 月第 2 次印刷
定价：39.80 元

如发现印装质量问题，影响阅读，请与出版社发行部门联系调换。

写给爱读书的你

在从事中国优秀传统文化普及工作的过程中，很多朋友建议我开办一个"沧溟书院"，以便让更多的人能够通过接受系统的优秀传统文化教育，从而更加全面地了解中国文化，并获得对生命的体悟和对文化的认同。但囿于种种条件，主要是因为教职在身，在短时间内筹建这样一座书院似乎是不现实的；不仅如此，其实任何实体的书院也都会因为场地的原因而有学员人数的限制，总会让许多想进书院学习的人无法如愿。

所以，我决定先建一所没有围墙、不受空间局限的虚拟书院；今天，当你打开这套书的时候，你就成为"沧溟先生"的学友、书友。

当年，我曾经以"中华家训丛书"为题编过四本书，其实那还只是一个雏形，距离我的理想还有很大的距离。因此，接到好友夏德元的邀约为广西师范大学出版社策划一套面向青少年的传统文化读物时，我便想对原来那套书进行重新修订，并增加新的内容，以期从新的角度为当代青少年提供一个入世的门径。

"郦波解读中华传统智慧"这套书的出版，能够完成我一个心愿，也就是我一直想做的一件事——告诉读者朋友如何养成好的学习习惯，形成优雅的气质，学会与人相处，获得有价值的人生。当然，也很希望这套书能够成为父母跟孩子一起阅读的书，因为其中许多故事都发生在父辈与孩子之间，亲子共读就是最好的陪伴。

书中所讲的内容，与今天每个人面对的压力、困惑有关，而这些压力与困惑往往正是家庭所带来的。如何化解这些问题，是大家十分关心的，也希望这套书能给你实际的帮助。

要解决家庭教育和人生成长过程中的诸多问题，有各种方式；而中华传统文化中的优秀基因，就给了我们思考、解决这些问题的正确思路。从中华优秀传统中学习人生的智慧，并在人生的成长过程中结合现代科学的教育方法加以灵活运用，也是我们所期待的。

对现代人而言，尤其是对今天的青少年而言，空间高度折叠，时间空前压缩，我们要学习的知识水涨船高，要掌握的本领多多益善，时间常常显得不够用了。那么，在较小的篇幅内讲明白一些人生的大问题，并让大家有所启发，这也就是我想要在这套书中完成的任务。

我已经做好了准备，你做好准备了吗？

2020 年 6 月 1 日于石头城

目录

郦波 讲 学习之道

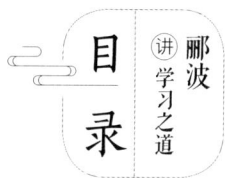

第一讲

读书改变气质

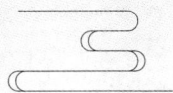

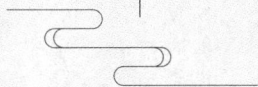

人之气质，由于天生，本难

改变，惟读书则可变化气质。

—— 曾国藩《曾国藩家书》

一个人有没有气质，实在是一件很重要的事！

总有一些人，当你看到他们的那一刻，就瞬间明白了什么叫气质。

一个特别有气质的人，会让别人看他时觉得哪里都很舒服。相反，一个人如果特别缺乏气质，一定是看上去哪里都不顺眼。所谓不顺眼，就像一个人穿着满是污渍的衣服出门，别人即使不告你影响市容，也一定会躲着你，远离你。

怎样才能变得有气质呢？

曾国藩的答案是：读书！

而且，只有读书！

唐代大诗人陈子昂原本是个富二代，因为家里有钱，所以年轻时游手好闲，结交的净是一些不务正业的小混混，一直到十八岁都没认真读过书。如果不是一个偶然事件的发生，就不会有后来成为唐诗革新运动旗帜的陈子昂。

一天，陈子昂和一帮狐朋狗友在街上闲逛。路过一条街巷时，里面传来隐约的读书声。陈子昂突然心中一动，也没告诉其他人，一个人不由自主地就走进了小巷。

街巷的深处原来是一座书院，此时，先生正在上课，领着大家一齐诵读诗文。

当时正是春天，万物复苏，草木萌发，空气里弥漫着一种盎然的生机。陈子昂呆呆地站在窗外，出神地看着教室里书生们读书的场景，听着那虽不太明白却让人愉悦的诵读声，心里突然生发出一种从未有过的激动与向往。那清脆爽朗的读书声，就像一阵阵春雨滋润着他干涸的心灵。

回家后，陈子昂就像变了一个人一样。他先是跟原来那帮不学无术的朋友绝交，然后找来大量书籍发愤苦读。三年当中，他足不出户，手不释卷，夜以继日，废寝忘食，读遍三坟五典，经史子集，一时才学满腹，气质大变。

这一年，陈子昂读书有成。破万卷书后，他又开始行万里路，孤身入京城，创下惊世盛名。

陈子昂从蜀中来到当时大唐帝国的都城长安，虽然这时候还没人知道这个名不见经传的毛头小伙子，但他心中却自有定见。

陈子昂来到长安一处繁华的闹市，见一位老者正在卖一把名贵的古琴。

琴实在是好琴，但价格也实在是好贵，竟要卖到一千两白银，这一下引来大量的围观者。可是，众人围观归围观，谁也不肯花如此巨款来买一把琴。大家纷纷议论，认为傻瓜才会花千两白银来买琴。

在议论和喧哗声中，年轻的陈子昂突然排众而出，走到老者面前，大声地宣布："这琴，我买了！"

众人一时哗然，但陈子昂丝毫不为所动，意气风发地又对围观的众人说："我的琴艺大概也只有这样的好琴才能表现出来，三天后我将在凤凰阁上一展琴艺，让世人一观名琴，一赏名曲！"

于是，这个惊人的消息像长了翅膀一样在长安城里快速传播：一把价值一千两白银的名琴，一个神秘莫测的年轻人，将在三天后的凤凰阁上惊艳亮相！

整个长安城都为之沸腾了。

三天后，长安城的众多名士云集于凤凰阁，很多市民也来围观，要看看那个挥金如土买下名琴的年轻人到底如何，想听听他神乎其神的琴艺到底怎样。

在众人期盼的目光中，陈子昂气定神闲地登阁亮相。他气宇轩昂，举手投足果然让人眼前一亮。正待大家屏住呼吸欲洗耳恭听之时，岂料陈子昂突然将古琴举过头顶，然后猛地摔到了地上……

在满座的瞠目结舌中，陈子昂朗声说道："各位，我陈子昂虽无惊世之才，但也有追慕屈原、贾谊的抱负与志向。大丈夫行走世间，当怀凌云之志，为国家建功立业，岂能沉迷于乐工之小道。我从蜀中来到长安，身怀经国之志，但却报国无门，愤懑之余，沽琴换名。今作有诗文百卷，才学如何，还请各位审鉴！"

说完，陈子昂把早已准备好的文稿分赠给众人，在座众人先是被他的摔琴之举所惊倒，再被他豪气干云天的语句所震慑；最后拿到他的诗文，一看果然篇篇精彩，字字珠玑，不禁纷纷传诵。

郦波 ⊕
学习之道

一时间，一袭白衣、气质出尘的陈子昂让整个长安城为之绝倒。

陈子昂从此名震天下。

陈子昂摔琴换名，实在是一种非常具有创意的行为艺术，无疑经过了精心的策划，但这种行为艺术的展现、这种策划的实施，并不是想到就能做到的，也不是人人去做都能成功的。

在这个创意的背后，有一个重要的先决条件，那就是必须有超凡脱俗的气质。而陈子昂在三年苦读之后，终于脱胎换骨，卓然新生，才最终有了长安摔琴，一举扬名。

后来，陈子昂去边塞从军，登上幽州台，在杳无人迹的荒野孤台上吟出了千古绝唱《登幽州台歌》：

前不见古人，后不见来者。
念天地之悠悠，独怆然而涕下！

千古岁月，悠悠回响，这时的陈子昂终于成为伟大的陈子昂，而这一切都是从十八岁那年的春天开始的，是从春天里琅琅的读书声开始的。

古人说，腹有诗书气自华。陈子昂的故事再次告诉我们，读书确实可以改变气质，读书也确实可以改变你的人生。

人活在尘世间，难免蒙尘染垢，使人形象受损，所以我们要勤洗澡，以保持身体洁净。

心灵也是一样，成长的过程，其实也是被世俗侵蚀的过程，只有常"洗浴"，才能保持心灵的洁净。而读书、学习，并因此有所体悟，有所思想，就是为心灵"洗浴"的最好方法。

沧溟先生 如是说

郦波 著
学习之道

第二讲

中国人最喜欢读史书

侄孙近来为学何如？恐不免趋时，然亦须多读书史，务令文字华实相副，期于适用乃佳。

——苏轼《与元老侄孙书》

中国人的传统学问，一大半来自经书与史书。

经书就是指儒家经典，比如《大学》《中庸》《论语》《孟子》《诗经》《尚书》《礼记》《周易》《春秋》。经书之外，中国人最喜欢读的就是史书，因为在中国人的传统认识中，历史最能开启人的智慧。

不只是苏东坡教子弟时要求他们"多读史书，为益不少"，连千古一帝唐太宗在教育子女及诸大臣时，也一个劲儿地要求他们多读史书。

唐太宗曾坦言，自己能治理好朝政，主要得益于对历史经验的反思与学习，所以他留下了"以古为镜，可以知兴替"的千古名言，成语"以史为鉴"就是从这儿来的。

据史料记载，有一次唐太宗李世民在朝堂上对大臣们说："我昨天读《晋书》的时候，看到一则晋武帝与大臣何曾的故事，你们都来说说看，何曾这个人到底怎么样？"

何曾是西晋武帝时的大臣，晋武帝司马炎是三国时司马懿的孙子、西晋的开国皇帝。他篡夺了曹魏的政权后，最终统一了全国，结束了三国鼎立的分裂局面。

按理说，晋武帝作为开国之君还是很有一些霸主气象的。可是灭吴之后，他渐渐变得志得意满起来，因为没有危机感，也就过得越来越安逸了。他不仅在生活上极尽奢华，平时关注的也大多是些鸡毛蒜皮的小事，甚至在朝堂上也很少讨论国家的政务。

这种变化在一片歌舞升平的盛世氛围中也算得上正常，慢慢也就没有人在意了。可是，何曾却看出了危机。

有一天，何曾去上朝，晋武帝在朝堂上又东家长西家短地与大臣们闲聊半天，至于国家大事好像也没什么好谈的，大臣们也都依着皇上的性子拣有趣的事儿说，说完了各回各家，各吃各饭。

何曾回到家吃饭时，眉头紧皱，一脸忧思。

儿子何劭纳闷，就问父亲："难道今天朝堂上发生了什么

郦波 讲
学习之道

不好的事吗？"

何曾摇摇头，说："没什么不好的事，皇上与往常一般，还是喜欢闲谈。"

"那父亲大人为什么不开心呢？"儿子不解地问。

何曾放下手中的筷子，突然感慨地说："我每次去上朝，看到皇上不谈论治理国家的宏图大略，却只是说些琐碎家常，这可不是将帝业留给子孙后代的做法啊！"

何劭听了，若有所思。

这时，何曾突然指着儿子何劭说："我想，你还是可以免于杀身之祸的。"接着话锋一转，指着几个孙子说："像他们这一代，恐怕很多人会遭逢乱世而死啊！"

后来，西晋王朝果然只延续了短短的几十年，因为晋武帝和接下来的继任者只知安逸，天下迅速由统一走到了崩溃的边缘。中国在西晋之后陷入了历史上最为动荡、最为漫长的一段分裂与纷乱时期，而何曾的孙子果然像何曾预言的那样，在乱世中死于酷刑。

唐太宗说完这个故事后，朝堂上的大臣们纷纷夸赞何曾，说他果然有远见，是个极聪明的人。

在一片赞扬声中，唐太宗却轻轻地摇了摇头。大家看他脸色沉重，便都安静了下来。

唐太宗语重心长地说："史书也都赞颂何曾，认为他的英明在于能预见以后发生的事情。但我不这样认为，在我看来，何曾实在是一个不忠不孝的罪人！"

大家听了这番话，都愣住了。

这时唐太宗继续说道："作为一个臣子，面对君主时应该考虑如何恪尽忠心，离开朝堂后应该考虑如何弥补君主的过错，这是一个下属的责任！而作为一个国家公务人员，应时时刻刻为国家的发展与安危做出考虑，发扬君主的美德，匡正君主的恶行，这也是为了协力治理好国家。何曾作为朝廷的重要成员，地位高，责任重，既然看到了问题，理应据实陈述，直言规劝，探讨治国正道，辅佐当世君主。可他面对君主时不肯当廷明言，退朝之后才发表议论，如此不负责任，世人却认为这种人高明有见识，这不是很荒唐吗？"

在唐太宗的疑问声中，很多人露出了羞愧之色，更多人低头陷入了沉思。

唐太宗看着大家，沉默了片刻，突然话锋一转，继续说：

"我听说你们有些人背后议论魏徵，说魏徵以前曾经是我的敌人，而现在我却与他很亲近，说他敢提意见只是出风头而已，这种看法就太没见识了。我之所以亲近魏徵，是因为他不像何曾，只知在背后议论，他敢于直谏，让我防微杜渐，不至于让国家发展误入歧途，这才是真正的大智慧啊！"

从此，再也没有人在背后议论魏徵的进谏之举，而唐太宗正是在魏徵等一大批忠臣、直臣的辅佐与帮助下，开创了"贞观之治"的盛世。唐太宗与魏徵也被称为中国历史上最难得的一对智慧君臣。

其实，从历史中汲取经验教训，以有益于当下的生活，不仅是李世民这样的开明君主所倡导的，也是古今中外许多哲人的共识。

宋代史学家、政治家司马光等历时十九年，编撰出了《资治通鉴》，总结出许多经验教训，供统治者借鉴，书名的意思是"鉴于往事，资于治道"，即以历史的得失作为鉴戒来加强国家的治理。

对此，英国16世纪的哲学家培根也有一段名言："读史使人明智，读诗使人灵秀，数学使人周密，科学使人深刻，伦理学使人庄重，逻辑修辞使人善辩，凡有所学，皆成性格。"

在他看来，所有应该读的书中，历史书应该是最重要的。

唐太宗读史书读出了魏徵的可贵，读出了开创"贞观之治"的胸襟与智慧。

克罗齐说："一切历史，都是当代史。"

克科林伍德说："一切历史，都是思想史。"

我们只有掌握了历史的智慧，才能继往开来，赢得更充实的现在，开创更美好的未来。

沧溟先生 如 是 说

郦波 讲

学习之道

第三讲

跟最好的老师学习

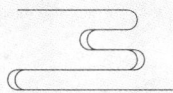

取法于上，仅得为中；取法于中，故为其下。自非上德，不可效焉。

—— 李世民《帝范》

俗话说："师父领进门，修行在个人！"

虽说要成就人生的大境界，最关键的要看每个人自己的修行，但"进门"的那个起点其实也很重要，进的"门"不同，决定了个人以后发展空间的不同。

不同的师父领进不同的"门"，跟错了师父就等于进错了"门"。

那么，读书做学问该跟什么样的师父，该进什么样的"门"呢?

唐太宗家训中可以找到一个著名的答案，叫"取法于上"，意思是要学就要学最好的、最棒的。关于这个道理，有两个著名的例子。

一是太极宗师杨露禅的故事。

杨露禅号称"杨无敌"，他所创的杨式太极拳到现在还是学习者最多的拳种，而太极拳的广泛传播也与他有直接关系。他拜师求艺的经历，是武术史上被人津津乐道的传奇，后来被拍成各种电影和电视剧，几十年来盛演不衰。

杨露禅是河北永年县人，从小就爱好武术。可是他身体瘦弱，练武的底子并不是很好。当地人尚武成风，杨露禅不甘落于人后，从小到大也拜过不少师父，杂七杂八学过长拳、少林拳等各种拳法。

不过，杨露禅虽然喜爱练功，学的也不少，奈何杂乱无章，未遇名师，功夫实在一般。

后来为了生活，杨露禅只得到一个药店打工。

药店老板姓陈，一副弱不禁风的模样，他看杨露禅勤快踏实，也蛮喜欢他。

有一次，一个泼皮无赖到药店闹事，闹到后来，竟然出手砸店。关键时刻，文弱模样的陈老板突然出手，两三下就将泼皮摔出门外。杨露禅看到此情此景，大为惊叹，就要拜陈老板为师。

陈老板告诉杨露禅，自己的功夫叫绵拳（也就是后来的太极拳），而他的功夫远不及师父陈长兴，并说要想学真功夫，就要跟最好的师父学。

陈老板的话让杨露禅意识到此前的学习都走了弯路，现在，他既然知道了陈长兴是绵拳的真正宗师，就下定决心要拜陈长兴为师。

杨露禅辞别了家人，日夜兼程赶往河南温县陈家沟。

然而到了陈家沟后，杨露禅却吃了闭门羹。原来，陈家的陈氏太极拳只传宗族，不传外人。不管杨露禅如何恳求，陈长兴都不收这个徒弟。

杨露禅痛下决心，吞炭哑嗓，扮成乞丐，在大雪纷飞的冬日蜷缩在陈家门口。陈长兴已经认不出模样改变后的杨露禅，只把他当成一个将要冻死的乞丐，发善心救了他，事后让他在陈家做仆人。

杨露禅一边勤勤恳恳地做仆人，一边用心看陈长兴教弟子练拳。白天，他借打扫与擦兵器的机会看陈长兴教拳，晚上，就一个人勤加揣摩与练习。就这样，他以非凡的毅力坚持了数年，终于入了太极拳的"门"。

后来陈长兴发现了杨露禅的秘密，却也为他的一片苦心所感动，破例收他为徒。杨露禅因此尽得太极拳精要，并在陈氏太极拳的基础上开创杨氏太极拳，成为一代武学宗师。

另一个有名的例子则是"股神"巴菲特的故事。

巴菲特从小就是个投资天才，他五岁时就在家门口摆地摊兜售口香糖，七岁时就知道带领小伙伴到球场捡富翁和明星们用过的高尔夫球，然后利用名人效应转手倒卖，据说生意还颇为红火。

十一岁时，小巴菲特就勇敢地跃身股海，购买了平生第一张股票。到了大学毕业的时候，巴菲特申请哈佛大学的研究生，因为哈佛毕竟是名校。

没想到的是，不是巴菲特错过了哈佛，而是哈佛错过了"股神"——哈佛居然拒绝了巴菲特。巴菲特在给他的朋友杰尔·奥瑞斯的信中写道："哈佛那些家伙太自命不凡了，他们认为我只有十九岁，太年轻了，不能被录取，并建议我再等一两年。"

然而，与哈佛擦肩而过却成了巴菲特一生中最重要的命运转折点。巴菲特继而把目光投向了哥伦比亚大学商学院，这所学校虽然不如哈佛有名，却有一位以崇尚理性投资、价值投资闻名的经济学大师——本杰明·格雷厄姆。

当时，美国经济正处在二战之后的快速复苏与发展阶段，华尔街充斥着投机分子，而在火热的经济形势下，他们的投机也能大行其道。

由于普遍存在的资本市场投机氛围浓厚，像本杰明这样鲜明地倡导投资、反对投机的理论家反而不被人重视。但同样绝顶聪明、擅长投机的巴菲特，却极富前瞻性地意识到本杰明的投资理论才是他要"取法于上"的目标。所以，他义无反顾地投到了本杰明的门下，后来成为这位投资大师最著名也是最杰出的弟子。

正是因为师从于本杰明，巴菲特才形成了一生"以价值投资为核心"的投资理念，创造了华尔街不败的神话，在世界资本市场书写了"股神"的传奇！

可以说，没有陈长兴、本杰明这样的师父，就没有杨露禅、巴菲特这样的弟子；没有陈长兴、本杰明这样的师父领进门，也就没有后来"杨无敌"与"股神"的传奇！

反过来看，也可以说杨露禅与巴菲特"取法于上"的选择，实在是一种英明之举！

人类的智慧是靠积淀与传承发展起来的，老师的境界一定会影响学生的境界，老师的思想同样会影响学生的眼光。所以冯友兰先生曾说："拜在某某名师的门下，称'某某门下弟子'，才是取法于上的选择！"

沧溟先生 如是说

郦波
学习之道

第四讲

学习绝不是为了考试

夫才不才者本也，考不考者末也。儿果才，则试金陵可，试武林可，即不试亦可。

——袁枚《与弟香亭书》

考试虽然是对学习的检验，但学习绝不是为了考试！

在教育中，最悲哀的一个现实就是——考，考，考，成了老师的法宝；分，分，分，成了学生的命根！而当考试成为终极法宝、分数成为终极追求时，教育与为学的宗旨和目标就被彻底混淆了。

事实上，教育的宗旨应该是关心生命的成长，启发良善的人性，成就有价值的人生；而学习的目标则应该是形成科学的思维习惯，培养创新的能力，树立正确的人生观。

对于这一点，古人的认识反倒比我们现代人深刻得多。

比如号称中国近代最后一位大儒的晚清名臣曾国藩，通过科举考试一步一步地熬出头。作为一个标准的儒生，他和大多数古代知识分子一样，对科举考试有着一种近乎本能的信任与依赖。但在儿子参加科举考试时，作为父亲的曾国藩的表现却十分耐人寻味。

曾国藩有两个儿子，大儿子叫曾纪泽，是中国近代外交史上的领军人物；二儿子叫曾纪鸿，是一位出色的物理学家。两个孩子小的时候并没有接触过多少西方文化，也是按照中国传统知识分子经、史、子、集的读书路子来治学的。

1864 年，大儿子曾纪泽十六岁，第一次到长沙参加乡试。那一年曾国藩正好在外带兵打仗，并不在家。他很关心儿子的学业，但身为两江总督，一方大员，他并没有跟主考官打招呼，反而严令儿子要凭真本事应考，千万不可拉关系走后门。

曾纪泽很争气，一个人背着行囊到省城参加乡试，一点儿也没有官二代的浮夸之气。但考试结果并不理想，第一次"高考"，曾纪泽落榜了。

当时科举考试的难度远远超过今天的高考，连曾国藩自己当年参加科举考试时，虽然乡试比较顺利地过关，会试却考了三次，也算是历尽磨难、百折不挠了。因此曾国藩了解到儿子落榜的消息后，就打算写信勉励一下曾纪泽，让他不要灰心。

可出乎曾国藩的意料，老家传来的消息竟然是曾纪泽打算从此放弃科举考试！

要知道在古代，科举考试可以算得上知识分子唯一的出路，所谓"学而优则仕"，一次两次考不上没关系，关键是只要能考就有希望，有些人考到头发都白了还在考。现在曾纪泽不过遇到一次挫折，就决定放弃科举考试，并声明以后也不再参加科举考试，这个想法让家中的长辈们惊呆了。他们都认为作为父亲的曾国藩知道了这个消息肯定会生气。

大家没有想到的是，曾国藩得知这个消息后却十分平静，他给儿子写了封信，问他为什么要放弃考试，心中真实的想法到底是什么。

曾纪泽看父亲并没有简单地责怪他，也就坦诚相告。他认为男子汉大丈夫要学业有成，真正的检验标准是要看能否服务于社会、报效于国家，而科举考试的内容已经十分僵化，只知道在故纸堆中自欺欺人，读书人把大好青春年华浪费在这种只注重形式、不注重思想的考试上实在不值得。

曾国藩明白了儿子的想法后，不仅没有生气，反而十分认同。他又写信问儿子："既然你能有这样的认识与志气，参不参加考试确实也无所谓。但考试只是一时的事，学习却是终生的事。你不想参加科举考试可以，那你如何安排你人生的学习规划呢？"

这确实问到了点子上。如果曾纪泽不参加科举考试，那他学的那些经、史、子、集又如何展示出他的水平？他以后又该学些什么呢？

曾纪泽自有想法，他认为西方列强入侵，国家饱受内忧外患，中国的知识分子应该摒弃过去夜郎自大的心理，再也不能总觉得别人都是"蛮夷"，文化、文明上都不如我"泱泱华夏"，而应该在现实的困难面前承认差距，奋起直追。于是，曾纪泽告诉父亲他想以传统文化的学习为辅，以西方文化与语言的学习为主。

对于儿子如此清晰的思路与见识，曾国藩大加赞赏。他全力支持，不仅完全同意曾纪泽放弃"高考"，还亲自为曾纪泽找老师，请当时一些了解西方文化的科学家与社会学家来教育曾纪泽。就这样，在旁人惊异的眼光与议论声中，这对儒生父子找到了教育与治学的真谛。

正是在曾国藩的理解、支持、教育和帮助下，曾纪泽经过十年苦读，成为当时屈指可数的社会学家。后来他出任驻英、法大使，杰出的文化修养得到各国的称赞。尤其是当俄国侵占我国新疆伊犁，在前期卖国条约已经签订的情况下，他愤然请缨，孤身一人深入虎穴，在彼得堡与俄国人唇枪舌剑，斗智斗勇，凭着高超的外交智慧与令人折服的勇气把伊犁要了回来。这被世界各国称为"人类外交史上的奇迹"，而曾纪泽本人也被世界外交界称作"代表了中国智慧的人"！

曾纪泽的弟弟曾纪鸿看到哥哥科举失败后毅然决然地放弃了"高考"，深受触动。他当时还小，还不到参加科举考试的年龄，却也学哥哥的样儿，跟父亲说以后也不打算参加科举考试。同样，曾国藩极为耐心地问他："你哥哥不应科举却不放弃学习，转而攻读西方社会学与语言学，那你想学些什么呢？"

曾纪鸿表示对西方的数学、物理学感兴趣，这些学科对当时的中国人来说还很陌生，就连曾国藩自己也不太了解，但他还是支持了儿子的兴趣与学习规划，并聘请老师来教导曾纪鸿。后来，正是这个决定让曾纪鸿写出了中国近代史上第一部电学专著。

可以说，正是因为有这样的父亲，才会有这样的儿子！正是因为有这样贴近本质的教育，才有这样归乎本质的学习！袁枚在家训中所说的"才不才"为"本"，"考不考"为"末"，就是这个意思吧。

其实，教育的宗旨应该是关注生命的成长，启发良善的人性，成就有价值的人生；而学习的目标则应该是形成科学的思维习惯，培养创新的能力，树立正确的人生观。

这一切，落在个人、社会、精神、思想的层面，既是出发点，又是归宿。所以，在人生历程中，考试虽然不可避免，但绝不是人生成败的决定因素。

沧溟先生 如是说

郦波
学习之道

第五讲

手穷、眼穷、心穷

吾人手中空乏曰手穷，目不接诗书曰眼穷，心好刻薄险仄曰心穷。手穷者可委之命，眼穷、心穷，咎将谁归？

——陈其德《垂训朴语》

有句俗语叫"人穷志短，马瘦毛长"，是说人到穷困窘迫时难免丧失人生的志向，就像羸弱的马有毛没肉，皮包骨头，一副寒酸相！

可是，这副寒酸相是怎么来的呢？

对于人穷的原因，明代文人陈其德在家训中说：手里没钱的叫手穷，目不识丁的叫眼穷，心理阴暗、鼠目寸光的叫心穷。手穷可能是因为时运不济、命运不好，但眼穷、心穷又是谁导致的呢？

这是一种反问，是一种不需要回答的反问。陈其德的意思很明确——就算手穷可以怪罪于命运不济，眼穷、心穷又岂能怪到别人！

既然眼穷、心穷只能怪自己，那么解决眼穷、心穷的办法也只能靠自己来找。

对于这一点，陈其德其实已经说得很明白了——要解决心穷，先从解决眼穷做起；要解决眼穷，先从读书做起。甚至，通过读书还可能顺带解决手穷的问题。

有几个耳熟能详的故事特别有说服力。

东汉时有一个叫匡衡的人，自幼家贫，却十分喜欢读书。因为家里穷，他白天要为人做雇工，只有晚上才有时间读书。

可是匡衡家却穷得连灯烛也点不起。匡衡没有向命运屈服，他看到墙壁的缝隙里透出邻家的烛光，就把墙壁的缝隙挖大，让邻家的烛光尽量多透过来一些。

于是每一个漆黑的夜晚，匡衡就靠着这点儿微光勤奋地读完了一本又一本的书。

这就是凿壁借光的故事。

西晋时有个叫孙康的人，和匡衡一样，同样是因为家贫而点不起灯。

他也十分爱学习，爱读书，因此他就在白天干活的间隙努力地多读书，这样晚上虽然没法儿点灯读书，却可以躺在床上一遍遍回味白天读过的书。

不过，孙康还是不甘心，他觉得晚上不用干农活，有那么多的时间不能利用起来读书，实在太可惜了。

一个冬天的晚上，孙康坐在漆黑的屋子里回想白天读过的内容。有一段内容记得不是太清楚，所以他下意识地拿起书，凑到眼前，却怎么也看不清。

孙康正在无可奈何之时，却突然看到门缝里透过一丝白光。他起身走到屋外，原来是由于屋外大雪已经停了，白茫茫的积雪映得院子特别明亮。孙康大喜过望，披上衣服，一点儿也顾不得屋外有多冷，站在院子里，借着雪光，兴致勃勃地读起书来。

这就是孙康映雪的故事。

东晋时有一个叫车胤的人，和匡衡、孙康一样家贫，也和他们一样爱读书，也碰到了和他们一样的难题——点不起灯。他夜里如何读书呢？

无论生活条件多么艰难，也挡不住爱学习的人，阻止不了一颗渴望知识的心。

与孙康在冬天映雪夜读不同，车胤找到的是夏天夜读的方法。他做了个小布袋，捉了很多萤火虫放在里面，借着萤火虫发出来的微弱光芒，废寝忘食地努力读书。

这就是著名的囊萤夜读的故事。

上面提到的可以说是中国古代三个极为著名的 "借光" 的故事，也是三个极为有名的关于读书的故事。

匡衡、孙康和车胤的共同之处其实并不在于"借光"，而在于他们三个都是穷困潦倒，都出自贫寒之家。而他们更大的一个相同点则在于，都是"人穷"却"志不短"、"手穷"却 "心不穷"之人。就由于这个最关键的相同点，后来，匡衡在东汉做了太子少傅，孙康在西晋做了御史大夫，车胤则在东晋做了吏部尚书，他们都成为名满天下的学者与声望卓著的士大夫。

我想，不论是匡衡、孙康，还是车胤，他们在凿壁借光、映雪夜读、囊萤夜读时，虽然境遇困顿，但一定没有"志短"的寒酸相。这种推测还有一个故事可为佐证。

清代有个人叫孙洙，特别喜欢读书，但年轻时家境贫寒，经常连温饱都成问题。寒冬腊月里读书的时候又冷又饿，孙洙怎么办呢？他居然左手握书，右手握着一根木棍，日夜读书不辍。

有人就嘲笑他，你读书也就罢了，手上握着棍子像什么样子！

孙洙神色镇定地回答道："木可以生火敌寒，书可以抵贫当饱。我手握可以生火的木，勤读可以当饱的书，自然不会被饥寒交迫的残酷现实所击倒！不过，这个道理，你们不读书，是不会懂的。"

事实证明，孙洙绝不是自欺欺人，这种生活与学习的态度本质上就是一种强大的精神与意志，也是一种永不屈服的坚韧与坚持。

后来，孙洙就这样在别人的嘲笑声中，心无旁骛地把书一本一本地读了下去，最终考上了进士。孙洙的名字你可能不熟悉，但他编的书你肯定知道，他就是选编了《唐诗三百首》的蘅塘退士。

所以，人在读书的时候，眼不穷了，继而心也不会穷了，最终还有可能彻底解决手穷的问题。

就算解决不了手穷，一个人只要眼不穷、心不穷，就自有一股精神立于天地之间，就一定可以成就人生的价值，书写一个大写的"人"！

穷困，谁也不愿意。但有时候穷困反倒是一种激励。

穷困中，若能有志于求学，并付诸实践，则往往事半功倍，往往能促使品格与学养极尽升华。所以，再穷也不能穷教育，再富也要苦孩子！

沧溟先生 如是说

郦波

学习之道

第六讲

读一日有一日之益

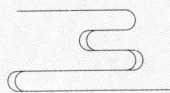

凡事可论贵贱老少，惟读书
不问贵贱老少。

——康熙《圣祖庭训格言》

中华民族无疑是一个尊重知识、热爱学习的民族，中国家庭也以重视子女的教育而著称于世。这种传统的形成，当然与历代统治者的提倡是分不开的。

中国的文官制度和科举取士的做法，曾经是领先世界并受到西方尊崇的。勤学苦读，金榜题名，往往是中国读书人建功立业的起点。

在宋朝建立起来之后，为了防止对朝廷统治不无威胁的武将们干政，全国地方长官一律任用文臣。宋真宗御笔亲题《励学篇》，广布天下：

富家不用买良田，书中自有千钟粟。

安居不用架高楼，书中自有黄金屋。

娶妻莫恨无良媒，书中自有颜如玉。

出门莫恨无人随，书中车马多如簇。

男儿欲遂平生志，五经勤向窗前读。

与《励学篇》遥相呼应，那个时代还诞生了一首《神童诗》：

天子重英豪，文章教尔曹。

万般皆下品，惟有读书高。

朝为田舍郎，暮登天子堂。

将相本无种，男儿当自强。

当然，这样鼓励的结果，也带来了"万般皆下品，惟有读书高"的负面效应。一些人"两耳不闻窗外事，一心只读圣贤书"，死读书、读死书、书呆子的现象也令人触目惊心。

但无论如何，一个热爱读书的民族总比一个反感读书的民族好，一个尊重知识的国家总比一个仇视知识的国家好，而要求孩子认真向学的父母，也比对孩子一味溺爱、放任自流的父母更够格、更尽责，更值得我们尊重。正如康熙说的："凡事可论贵贱老少，惟读书不问贵贱老少。"读一日有一日之益，读一卷有一卷之益。

在中国古代绘画作品中有一个特殊的门类——课子图。

课子图是专门记录中国古代母亲教育孩子的情景的。这种绘画作品仅仅从清代流传到今天的就有近百幅之多。在这些课子图中，有一幅是以清代著名学者洪亮吉和他的母亲为主人公的《机声灯影图》。

洪亮吉 1746 年出生在江苏常州，这位著作等身、名垂青史的大学者童年不幸，五岁时父亲就去世了。父亲死后，母亲带着五个孩子回了娘家，靠做女红维持一家的生计。不过，尽管生活如此艰难，母亲却从来没有放松对洪亮吉的教育。

洪亮吉曾在诗中回忆说："母勤三年绩，儿受一年经。"意思是指，母亲用辛勤纺织三年所得，才付清了他一年的学费。而关于母亲起早贪黑地不停劳作并督责他刻苦读书的情形，洪亮吉则有这样的记录：

夜寒窗隙雨凄凄，长短灯檠焰欲迷。

分半纺丝分半读，与娘同听五更鸡。

成名后的洪亮吉时刻不忘母亲对他的辛勤培育，特意请人画了《机声灯影图》《寒檠永慕图》，希望永远留住那些难忘的场景。他还邀请了一批友人为这些画题诗。受邀来题词的人中，有一位是当时的知名学者汪中。

汪中比洪亮吉大两岁，江苏扬州人。乾嘉时代是中国传统考据学最发达的时代，汪中娴于考据，又精通义理，学问高深，文才过人，深受同时代人推崇。

汪中早年的家境更差，他七岁丧父，母亲靠做鞋维持母子的生计。家中住处狭小，四处透风，冬天只能靠铺杂草取暖。母亲没钱送汪中进学校，便自己教他识字读"四书"。在勤学的同时，年幼的汪中也不得不打零工补贴家用。

皇天不负有心人，十几岁的汪中为了打零工进了书铺，一下子如获至宝。从此他的天才、他的勤奋以及母亲给他打下的"童子功"共同发挥作用，终于造就了博览群书、成就斐然的一代学者。可以想见，在给洪亮吉的母子图题诗时，汪中跟洪亮吉一定是惺惺相惜的。

读书、学习，除了父母的陶冶之外，更在个人的勤勉。

东晋军事家祖逖是个胸怀坦荡、具有远大抱负的人，他曾经领导北伐，一度收复黄河以南的大片土地，青史留名。不过，祖逖小时候其实也是个不爱读书的淘气孩子。后来他意识到知识的贫乏，深感不读书无以报效国家，就发奋读起书来。

他广泛阅读书籍，认真学习历史，从中汲取了丰富的知识，学问大有长进。接触过他的人都说，祖逖是个能辅佐帝王治理国家的人才。

后来，祖逖和幼时的好友刘琨一起担任司州主簿。他与刘琨不仅感情深厚，而且还有着共同的远大理想。他们纵论世事，希望建功立业，成为国家的栋梁之材。二人常常夜深之时还不能入睡，拥被而坐，相互勉励："当下形势大乱，各路豪杰并起，你我二人应干出一番事业！"

一次，祖逖半夜里在睡梦中听到公鸡的鸣叫声，便把刘琨叫醒，问他是否听见了鸡叫的声音。刘琨觉得这不是什么好事，因为古人认为半夜鸡叫是不吉之兆。但祖逖的看法却不一样，他对刘琨说："咱们听见鸡叫，正好可以起床练剑，这岂不是大好事？"

刘琨一听有理，便也欣然同意。于是他们便在每天鸡叫后就起床练剑，冬去春来，寒来暑往，从不间断。

功夫不负有心人，经过长期的刻苦学习和训练，他们终于成为能文能武的全才。

这个闻鸡起舞的故事，在历史上激励了无数志士仁人发愤图强。祖逖至今仍然是我们年轻一代学习的榜样。

俗话说，开卷有益。

读书是一个古老的话题，也是一个永恒的话题。纵观古今中外，只要勤勉读书，日日不辍，便能获得人生的精进。

而在读书的过程中，要想坚持下去，则需要与各种惰性做不间断的抗争。

沧溟先生 如是说

郦波 讲

学习之道

第七讲

聪明不读书 龙也像头猪

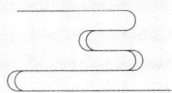

质蕴吴竿，非筈羽不美；性怀辨慧，非积学不成。

——李世民《帝范》

聪明，到底是好事还是坏事呢？

苏东坡有首诗说："人皆有子望聪明，我被聪明误一生。惟愿我儿愚且鲁，无灾无难到公卿！"

就人们都渴望聪明而言，大文豪苏东坡无疑是反对派。当然，他自谦地说，他之所以不希望儿子太聪明，是因为他自己被聪明误了一生。

其实，东坡先生这样说实在太谦虚了，撇开政治因素不谈，他的确不是一个被聪明所误的人。在他那个时代，真正被聪明所误的人，是一个人尽皆知的天才少年，就是王安石那篇名作《伤仲永》中的主人公。

据王安石记载，方仲永是江西金溪人，祖上世代务农，家中并没有人教他读书。但方仲永天纵奇才，到了五岁那年，居然无师自通，让父亲借了邻家的笔墨纸砚，就能挥笔而就，写出像模像样的诗来，而且诗作还能得到乡里秀才们的认可。

从此以后，方仲永的文学天赋一发不可收拾，很多读书人听说了他的聪明与才智，就赶到方家，用考试的办法来见识他的才华。而方仲永不论碰到什么样的题目，都能写出很好的诗作来，而且"文理皆有可观"，就是说他的诗写得真的不错。这样一个天才震惊了乡里，也让人仿佛看到了一颗冉冉升起的新星。

可是结局却出人意料。王安石回忆说很多年后，他从外地回到江西老家，再聊到那个与他差不多大的神童方仲永的近况时，别人告诉他的答案却是——当年的那个神童方仲永，那个聪明绝顶的方仲永，如今早已"泯然众人矣"！就是说，如今的仲永又做回了一个普普通通的庄稼汉，早先的才情、智慧早已荡然无存，至于"文理皆有可观"的诗更是再也写不出来了。

怎么会这样呢？

王安石回忆说，毁掉仲永的，正是所谓的聪明。当方仲永的天赋受到普遍认可后，他的父亲并没有因此安排仲永继续读书，继续深造，而是仗着小神童的名声，四处"走穴"，迅速

郦波 📖

学习之道

获取很多利益。对于父亲的小聪明，仲永也不反对，每日东奔西走，参加各种各样的聚会与活动，只是不再学习。

于是，有一天，他的"聪明"被他挥霍殆尽，他的"聪明"也终于葬送了他自己的前程。这就是仲永最终"泯然众人矣"的真相！

王安石为什么要记下仲永的故事，并写出这样发人深省的文章？仲永的故事是普遍现象，还是一个特例呢？

其实，"仲永"被聪明毁掉实在是一种普遍现象。在每个时代，在很多地方，都不乏被聪明毁掉的"仲永"。

比如在美国NBA篮坛，谁是近五十年来天赋最高的球星？你可能会说是乔丹，或者科比，或者詹姆斯，其实都不对，在美国篮坛，近五十年来公认的天赋最高的球星是特雷西·麦克格雷迪，中国球迷习惯叫他"麦迪"。

麦迪拥有超过两米的身高，以及超过二点一米的臂展，助跑起跳高，百米跑速度也快。一入NBA，麦迪就表现出无与伦比的进攻天赋：

突破杀伤力极大，第一步启动无人可以阻拦，

行进间可以随意加速变向；

　　篮前干拔跳投近乎无解，成为被竞相模仿的招牌动作；

　　三分球如小李飞刀，例不虚发，精准无比；

　　扣篮时忽如晴空霹雳，让人感觉石破天惊；又忽如柳絮翻飞，让人感觉柔韧优美。

　　2004 年，在与奇才队的一场比赛中，他夺得六十二分，成为 NBA 史上最年轻的六十分俱乐部成员。之后，麦迪收到了乔丹的亲笔签名球鞋，这可以说是"前浪"给予"后浪"的最高褒奖。

　　这一年，麦迪才刚刚二十五岁。

　　可是，天赋犹如一把双刃剑，在帮他功成名就的同时，也使他萌生了错误的判断：天赋，足以搞定一切。

　　渐渐地，麦迪开始放纵自己，找各种理由与借口逃避训练，在球场上也总是无精打采。缺乏足够的训练，加上高强度的赛事，极大地损害了麦迪的身体。他先后受到各种伤病困扰，而严重的伤病又给他留下了无法抹去的心理阴影。

这个曾经光芒耀眼的天赋球星开始走向恶性循环。当最终被各个队当作毒瘤裁掉的时候，他才发现，自己的天赋已被挥霍殆尽，已经"泯然众人矣"。

后来，麦迪毫不意外地荣登 NBA "最浪费天赋球员排行榜"，一个本来有希望超越乔丹的麦迪，最终却成了美国版方仲永。

现在，我们可以来回答第一个问题了，即王安石撰写这篇文章的动因到底是什么。

王安石也曾是一个聪明的神童，与方仲永同岁。方家与王安石的舅舅家在同一个村子，王安石少年时到舅舅家玩，结识了仲永。仲永的聪明曾给王安石留下深刻的印象，而仲永聪明反被聪明误的人生经历更是让王安石感到了强烈的震撼。

于是王安石以仲永为例，时刻警醒自己——就算是聪明，也要勤学不已！若还没有那么聪明，就更是需要付出百倍甚至千倍的努力！

所以唐太宗李世民在教育他的子孙时就说：有的人尽管天资聪慧，善辨有识，但不学习也终究成不了什么大气候。不仅成不了大气候，有时反而会聪明反被聪明误呢！

李世民的意思通俗点儿说，大概就是——聪明不读书，龙也像头猪！

人生有时穷困，却未必不是好事；人太过聪明，却也未必不是坏事。

聪明反被聪明误的不在少数，梅花香自苦寒来的更是多见。只要认清这一点，时刻警醒自己，坏事也可以转化为好事。若天资聪慧，再加上后天的勤奋与努力，于学习，于人生，则可事半功倍。

沧溟先生如是说

郦波 著

学习之道

第八讲

学习第一重要的事是什么

日间思索有疑，用册子随手札记，候见质问，不得放过。所闻诲语，归安下处，思省切要之言，逐日札记。

——朱熹《与长子受之》

学习第一重要的事是什么？

是记住多少旧知识，还是掌握多少新知识？

其实都不是。学习第一重要的事，是养成良好的学习习惯与形成科学的思维习惯。像宋代理学大师朱熹在教育长子时所说的一记、二问、三思考，其实就是十分重要的学习习惯。

首先是记。

读书不动手，所失九十九！这是说养成边读书边动手摘抄，或写读书札记的习惯，是非常重要的。如果不这样做的话，读书过程中的所思所得，事后百分之九十九都是会丢失掉的。

事实确实如此，人在看书时的思想与灵感大多是碎片式的，而碎片化信息的遗忘率是最高的。随着间隔时间的拉长，这些信息的遗忘比例也会增加，读书后一个星期左右，这些碎片化信息的百分之九十九就会被全部遗忘。这样看来，一个星期前所读的书，基本上算是白读了。

这也是很多人仿佛看了很多书，却始终没有什么大进步的一个重要原因。

所以读书不动手，就像狗熊掰棒子，掰一路，丢一路，花了很大的劲儿，其实收获却不大。

反之，如果能养成读书时动手做札记的习惯，一不小心就会收获意料之外的巨大成果。

明末清初的大学者顾炎武自幼勤学，他六岁启蒙，十岁开始读史书。有一次，他的祖父把一本《资治通鉴》交到他手里，然后又语重心长地说："有的人看书，只有粗粗浏览的功夫，却没有读透的水平。不知道你是不是这种人。"

祖父的激将法非常有效，顾炎武当即立下誓言，一定要做读透《资治通鉴》的人。随即他给自己定下三条规则，相当于自读《资治通鉴》的约法三章：

第一，每天必须读完的卷数。

第二，每天必须把所读内容抄录一遍。

郦波 讲
学习之道

第三，每一卷都必须写札记，写读书笔记。

这就是顾炎武的"自督读书"法，他终身都严格执行，并最终形成了独特的读书与治学习惯。而他每卷都要做札记的第三条规则，更是催生出了一部惊人的学术著作——《日知录》。

《日知录》三十余卷一千余条，内容涉及经义、政事、世风、礼制、科举、艺文、名义、史法、天象、地理、术数等，几乎无所不包，堪称百科全书。如此庞杂的内容，都是顾炎武每天读书做札记日积月累所得。

涓涓细流终于汇成江海，顾炎武的学术造诣也因此达到了一般人难以企及的境界。

其次是问。

中国人治学有一个专有名词，叫"问学"，意思是"非问不成学"，由问而学，才叫"学问"。孔子被称为圣人，其学问是儒家学派的根基，但孔子的学问也是通过问学而来的。

孔子去周的故都，听说老子是周朝守藏室之史（相当于现在国家图书馆的馆长），便恭恭敬敬地前去请教。当时的孔子已经负有盛名，而老子的学说与孔子的学说并非一脉，孔子在老子面前却还是像小学生一样，虔诚问学，并获益良多。

孔子讲究问学，不仅向水平高的人请教，还主张不耻下问，也就是向知识比自己少的人请教、学习。

有一次孔子入太庙，对祭祀过程中的每一处小问题都仔细地请教别人。当时，就有人笑话孔子说："不是说孔子学问很深，对于礼制无所不精吗？怎么还会向他人请教这个、请教那个？看来他也没什么真本事啊！"

孔子听说后，只是宽容地笑笑说："其实不耻下问就是一种礼，就是一种学问啊！"

再次是思考。

关于学习与思考的关系，《论语》中有一句名言："子曰：'学而不思则罔，思而不学则殆。'"

这里的"思"，指的就是思考、思维。此处的"罔"，指迷惑、迷惘而无所得。孔子整句话的意思就是说："学习而不思考就容易受蒙骗，空想而不学习就会带来危险。"

要知道，孔子所说的学，不仅仅是学习书本知识，更是指学习做人和做事的道理。

这里，孔子是从两个角度谈问题。他之所以提出"学而不思则罔，思而不学则殆"，是因为一个只学习不思考的人，很容易被书本牵着鼻子走，辨不清书中的错误和糟粕，最终可能受骗上当。反之，一味空想却不结合实际进行实实在在的学习和钻研的人，他所谓的思考也仅仅是空中楼阁，没有什么实在的价值，随时有倒塌的危险，最终当然会一事无成。

其实，前面的一记、二问，既是一种行为习惯，也是一种思维习惯——更准确地说，是一种隐性的思维习惯。

那么，为什么"记"与"问"在学习过程中如此重要呢？

在读书和学习的过程中，大多数人对信息的了解与接受，其实常常是被动的；而这种被动的接受状态往往是由人的惰性造成的。这也是很多学生在学习中花了大量时间却收效不大的症结所在。

一言以蔽之，是被动的思维状态导致了学习的效果事倍功半。

解决的办法就是变被动为主动。从动手去记、动嘴去问、动脑去想的那一刻开始，大脑的思维状态就开始由被动变为主动，脑细胞的深层活跃度被激发开来，天长日久，人的潜能也就相应地被开发出来了。

所以是否能养成积极动手、主动问学、善于思考的习惯，从根本上决定了学习的效果，也决定着学习过程中的苦与乐。

其实，学习没有那么苦。如果你觉得苦，一定是因为你在学习的过程中太被动、太不得法了。如果你能变被动为主动，多问几个为什么，多写一些心得体会，多向人请教，多揣摩，多思考，你就会乐在其中，收获在其中。

沧溟先生 如是说

第九讲

有专业 很重要

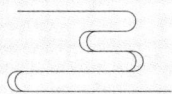

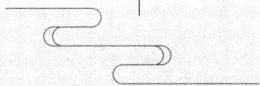

人须有恒业，无恒业之人，

始于丧其本心，终至丧其身。

——张履祥《训子语》

人生在世，靠什么立足呢？

从崇高的意义上说，人生在世，要有信仰，才能立足。

从世俗的意义上说，人生在世，要有资产，才能立足。孟子当年就说过一句名言："民之为道也，有恒产者有恒心，无恒产者无恒心。"这是说对于老百姓而言，有稳定的财产收入，才能有一定的道德观念与行为准则，否则就会违法乱纪，胡作非为，终至把身家性命搭进去。所以后世的文人也常用"恒业"这个词来代替孟子所说的"恒产"。

但张履祥在《训子语》中所说的"恒业"应该介于崇高的信仰与世俗的"恒产"之间，它更类似于一种学习的专业。它既能为你带来可以维持生活的物质保障，但更重要的是，它也能为你带来精神世界的追求，让你不至于在世俗的滚滚洪流中迷失本性。

因此，选择你热爱的专业，并学有所成，最终成就与之相关的事业，这对人生来说，至关重要。

清朝末年有一个叫李善兰的人，生于官宦世家，他小时候上过私塾，受过良好的儒家教育，甚至还考上过贡生，在别人眼里完全就是一个非常有希望"学而优则仕"的传统儒家知识分子。

可是李善兰并不喜欢儒家经史那套学问，以他的聪明才智，那些东西他学起来并不费劲，但他并不十分用心，结果参加科举乡试的时候，几番落榜。"学而优则仕"的锦绣前程眼看着没有希望了，而此时李善兰家的家道也逐渐衰落，其个人的境遇越发窘迫起来。

李善兰却丝毫不为此担忧，因为他虽然不在意儒生经史的学问，却依然有着他自己极为爱好的专业。他最喜欢的学问，也是他所热爱的专业，就是数学。尽管在那个时代，数学之类的学问是不被人重视的。

也正是出于对数学的热爱，李善兰并不像其他儒生那样热衷于当官，他几乎把所有的热情与精力都投入到了数学的研究中。

因为热爱，加上天赋，加上勤奋，加上努力，李善兰成为中国近代史上最伟大的数学家。他是中国数学家中第一个研究到微积分领域的人，也就是第一个跨入高等数学王国的人。他凭着一己之力，翻译补全了十五卷本的《几何原本》。要知道明代大数学家徐光启是和传教士利玛窦合作，才翻译了《几何原本》的前六卷，而李善兰却翻译完了剩下的九卷。

将《几何原本》彻底译完后，李善兰又倾尽家产将这套数学名著刻印出版。哪知就在这时，太平天国农民起义爆发，刚刚印出来的《几何原本》全部被焚于战火中。李善兰走投无路，带着原书的刻版来投奔正在四处招贤纳才的曾国藩。

曾国藩接见李善兰，非常客气地问他："李先生擅长什么？"

李善兰身为大数学家，一身傲骨，从容地回答这位三军主帅、两江总督并反问道："我擅长数学！大帅，数学你懂吗？"

"呃，略知一二。"曾国藩说道。

李善兰心想，略知一二就好办！于是，他把《几何原本》的译本呈给曾国藩。

曾国藩拿过来之后，翻了半天也没言语一声。为什么呢？因为——略知一二，八九不懂！

曾国藩沉默了一会儿，又笑着问李善兰："先生打算做些什么？"

李善兰开门见山地说："这是一部重要的数学巨著，我穷尽心血把它翻译出来，结果前一次出版的书尽数焚于战火。现在我想重印此书，但我没有钱，只好来见大帅，请大帅帮我印书！"

一听到这部数学专著如此重要，曾国藩当即答应下来，并拿出自己的官俸六百两白银帮李善兰再版。曾国藩不仅帮助李善兰出书，更为李善兰的气质所折服，提出要帮李善兰翻译的这部《几何原本》写序。

曾国藩当时的身份是文坛盟主，又是朝廷重臣、知识分子领袖，他帮谁作序，谁的名声就会一时鹊起。曾国藩主动要求为李善兰作序，确实也有要为李善兰扬名的意思。但曾国藩说完这话大概就后悔了，因为自己"八九不懂"，那么这篇序又要怎么写呢？

曾国藩也很可爱，他看出李善兰是当世奇才，就让大儿子曾纪泽拜李善兰为师，认真学习数学，待学习一段时间之后，替自己拟写一个书序的初稿，然后自己再修改置于书前。

曾国藩一生识人无数，落魄的李善兰为什么能让他如此重视呢？

答案自然是这位数学家的人格气质征服了曾国藩，这种人格气质的形成与李善兰所学的专业、所热爱的数学一定有着密切的关系。

这种对于专业的研究与热爱，自然使得这位中国近代史上最伟大的数学家有一种独特的精神与力量，相人无数、善于识人的曾国藩又怎么会看不出来呢？

其实，不只是李善兰，还有当时最顶尖的化学家徐寿、最杰出的数学家华蘅芳，这些人研究的科学领域虽然在古代中国并不是学术的主流，但他们杰出的专业气质都让他们如锥处囊中，日久必现。

后来正是在李善兰、徐寿、华蘅芳等人的帮助下，曾国藩才开启了近代史上著名的"洋务运动"，开启了中国由农业文明向工业文明转型的脚步，李善兰等人也在这不朽的事业中获得了人生的辉煌。

所以，人生在世，靠什么立足呢？

靠恒产，靠信仰，更靠专业！

古人常说"艺多不压身"，但除此之外，我们还要说："艺专才挺身！"

一个人一定要有一门拿得出手的手艺，这样，你的人生价值才能得到恰如其分的展现。导致一个人失败的因素，往往是他的"短板"；而造就一个人成功的因素，则往往是他的特长、他的专业。

沧溟先生 如是说

郦波
学习之道

第十讲

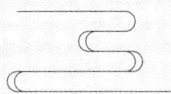

人牛的平衡美

文武二途，舍一不可，与时
优劣，各有其宜。

——李世民《帝范》

学习要有专业，要有特长，同时也要知道：两条腿走路，总比一条腿强！

有一次，唐太宗李世民召集群臣，他问大家："你们说说看，创业与守成哪个更难？文治与武功哪个更重要？"

宰相房玄龄回答说："大唐建立并没有多久，想当年，天下混乱之际，各路豪杰竞相起兵，只有被攻破了的才会投降，只有被打败了的才会屈服，而皇上您披坚执锐，武功卓著，凭着大智慧收服各路豪强，终究成就大唐江山！由此来看，创业更难，武功更重要。"

房玄龄这么一说，很多人都频频点头，连唐太宗自己也深为感慨。

唐太宗李世民前半生为建立大唐基业，大小战役经历了不下百场，每一次都身先士卒，奋力拼杀，他的武功与胆识是在一场场血战中积累起来的。

　　当年，唐高祖李渊在太原刚刚起兵反隋的时候，在四方割据的群雄中实力只是一般，之所以能迅速地脱颖而出并扫荡群雄，就是因为他有个兵法韬略、武功胆识俱远超常人的好儿子李世民。

　　李渊起兵后，第一步是南取长安，结果行军路上，大雨不止，李渊打了退堂鼓，是李世民在帐外夜哭，才让李渊回心转意，确立了"夺取关中，号令天下"的战略思想。李世民亲自率兵攻克长安城，为大唐奠基走出了重要的第一步。

　　后来，在建立大唐的过程中，共有六次重大的战役，其中有四次都是李世民亲自指挥取胜的。

　　第一次是对战陇西的薛举父子。李世民反败为胜，在浅水原大败薛军，彻底消灭了薛氏政权。

　　第二次是对战依附突厥的刘武周。李世民在战胜刘军主力后，三日不解甲，亲率大军追击数百里，后又一日八战，八战皆胜，彻底消灭了敌军，也是在这一战里，李世民收服了大唐第一悍将尉迟敬德。

第三战是对战王世充与窦建德。王世充与窦建德对李世民成夹击之势，李世民沉着冷静，在虎牢关决战双雄，并最终以少胜多，全歼敌军，创造了战争史上的奇迹。像《十三棍僧救唐王》等民间盛传的故事就源于这一战。

第四战是平定刘黑闼。两个月之内，李世民横扫河北，以全胜的姿态问鼎天下，为大唐立下了不朽功勋。

李世民在马上得天下，故对武器与战马都深爱有加，著名的"昭陵六骏"就是他为了纪念征战沙场时骑过的六匹战马而留给后人的文化遗产。所以，当房玄龄以为创业尤难、武功更重要时，也引发了他深深的感慨。

但就在很多人都认同房玄龄的说法时，却有人提出了不同意见。

这时，魏徵站出来说："皇上，您只看到征战沙场的艰苦，您没有看到，起兵一定是在世道衰败混乱、民不聊生的时候。那时您吊民伐罪，拯救黎民，老百姓都支持您，天下人也都归顺您，这叫应天承命，大势所趋，这种创业其实并不难。帝位一旦取得之后，帝王在性情上往往变得骄横放纵，不思进取者就会自恃武力，徭役不断，老百姓疲敝困顿，怨声渐起，而国家的衰败往往由此而起。等醒悟时已经晚了，这也是大隋虽强盛，却也会迅速土崩瓦解的重要原因啊。从这个角度看，其实守成更难。对于帝王来说，则是文治更重要。"

李世民听了魏徵的话频频点头，他说："魏徵的话实在是发人深省。我们在马上得天下，消灭对手，靠的是武功、军功，但我们现在要面对的是如何让百姓安居乐业，如何让国家良性发展，又怎么能在马上治天下呢？房玄龄当年跟随我一起平定天下，饱尝艰难困苦，经历九死一生，因此看到了创业的艰难、武功的重要。魏徵和我一起安定天下，担心一旦出现骄傲放纵的苗头，就必定会陷入危险甚至灭亡的境地，因此他看到守成的艰难与文治的重要。其实他们两个人说得都很好，都没有错。文治武功缺一不可，只是当下创业的艰难已经过去，而守成的艰难才是我们应当一起面对的！"

李世民之所以被称为"千古一帝"，关键就在于此。他不仅有海纳百川的胸襟与气魄，对一张一弛、文武之道更有着深刻而清醒的认识。登基之前，他就在自己的秦王府中设立文学馆，招纳天下英才，有著名的"十八学士"，足见虽为武将，他对文治也非常重视。

后来，李世民"马上得天下，但不能马上治天下"的思想一直是他治国方略的出发点，在教育太子的时候，他也特别强调文武兼备才是治理国家、施展抱负的前提条件。

李世民能一手开创贞观之治、大唐盛世，也正得益于此。

其实，皇帝治国安邦如此，个人的人生修炼也是如此，"文武二途，舍一不可"。文治武功兼备，不论风云如何变幻，人生自可从容淡定。

在中国文化的传统中，其实文武从来不分家。

历代许多文人就是武将，既为儒生又为武将，这在人类文明史上都是非常独特的现象。像"不入虎穴，焉得虎子"的班超，像"了却君王天下事，赢得生前身后名"的辛弃疾，像文韬武略的王阳明、曾国藩，莫不如是。

而且，许多文人都著有兵书，就连东坡先生也曾写过《孙武论》（上下篇）。另外，像抗倭名将戚继光，不仅有《纪效新书》这样写练兵实践的军事专著，在文学创作上也是颇有特色，有诗文集《止止堂集》存世。戚继光在那首令人荡气回肠的《马上作》中这样写道："南北驱驰报主情，江花边草笑平生。一年三百六十日，多是横戈马上行。"这激扬的文字，确能引发我们的万丈豪情。

中国人是讲究文武之道，推崇文武双全的。亦文亦武其实体现了中国文化阴阳辩证的思想，也是一种平衡发展的思想。

所以，学习过程中的亦文亦武，并非要求每个孩子都去学习武功武术，而是希望孩子们能够全面发展，这样，人生才会有一种平衡美。

沧溟先生 如是说

郦波 册
学习之道

第十一讲

殊途同归的文武之道

夫志当存高远，慕先贤，绝情欲，弃凝滞，使庶几之志，揭然有所存，恻然有所感。

——诸葛亮《诫外甥书》

文武之道的本意是指文王和武王的治国之道。其实，治理国家如此，人才的养成也是如此，既要有人安于书斋，也要有人保家卫国。

东汉时期的班固和班超正是我们学习的榜样。他们是出身儒学世家的两兄弟，其父班彪、伯父班嗣，也都是当时的著名学者。

班固在父亲的熏陶下，九岁便能诵诗赋，写文章。十六岁入太学后，班固更是博览群书，精通儒家经典。班彪过世后，班固从京城洛阳迁回老家居住，开始在班彪《史记后传》的基础上撰写《汉书》，前后历时二十余年，终于完成这一伟大的史学工程。

汉和帝永元元年，大将军窦宪率军北伐匈奴，班固随军出征，任中护军，行中郎将，参议军机大事，大败北单于后写下流传后世的《封燕然山铭》。

班固一生在文史领域获得了丰硕的成果，取得了巨大的成就。作为史学家，他所编撰的《汉书》是继《史记》后中国古代又一部重要史书，被称作"前四史"之一；作为文学家，他是"汉赋四大家"之一，《两都赋》开创了京都赋的范例，被列为《文选》的第一篇；同时，班固还是经学理论家，他编撰的《白虎通义》，堪称当时经学之集大成者。

班超是班彪的幼子、班固的弟弟，他没有像班固那样以文名垂后世，而是走上了一条与兄长不同的人生道路。

据史料记载，班超从小就很有志气，做事虽不拘泥于细节，内心却笃定沉着，明晓事理。在哥哥班固被召入京任校书郎后，班超也和他的母亲一同迁居。因家境贫寒，班超便靠替官府抄写文书来维持生计。他每天从早忙到晚，所得的报酬也只够维持生活。

一天，班超一边像往常一样抄写文件，一边想起自己的抱负。他的心情非常激动，忍不住猛然把毛笔扔到地上，叹息说："男子汉大丈夫纵然没有别的大志向，也应该学习张骞，在与别国的交往中建立功勋，怎么能老是埋头于笔墨纸砚之间呢？"

这就是成语"投笔从戎"一词的来历。

正因为胸中有远大抱负，班超不愿一生只在官府抄写文书，于是便跟随窦固出击北匈奴。班超一到军旅之中，就靠着自己的勇敢和智慧克服了重重困难，显示出与众不同的才能。同时，班超也因作战英勇、身先士卒而不断得到升迁。

永平十六年，窦固等出兵攻打北匈奴，班超随军北征，在军中任假司马（代理司马）之职。窦固很赏识他的才干，便派他和从事郭恂一起出使西域。

经过准备，班超和郭恂率领部下向西域进发。他们先到达了鄯善。鄯善王对班超等人最初嘘寒问暖，礼数周全，然而一夜之间却突然改变态度，极其冷淡。

班超猜想其中一定有原因，他对手下说："你们难道没察觉鄯善王的态度变了吗？这一定是北匈奴有使者来到这里，让鄯善王犹豫不决。"于是，班超便把接待他们的鄯善侍者找来，出其不意地问："我知道北匈奴的使者来了好些天了，他们现在住在哪里？"

仓促之间，侍者只好实话实说。

事情果然不出班超所料，正是北匈奴使者的到来，让鄯善王不知道到底该听谁的，不知究竟如何是好。

班超令人把侍者关押起来，以防泄露消息。接着，他召集部下三十六人，对大家说："我们本想建功立业，但现在情势危急，北匈奴使者来了才几天，鄯善王对我们就不以礼相待了。一旦鄯善王把我们绑送到北匈奴去，我们不都成了豺狼口中的食物了吗？你们看该怎么办？"

大家齐声说道："我们现在处于危亡的境地，是生是死，就由司马你决定吧。"

班超说："不入虎穴，焉得虎子。现在的办法，只能是乘夜用火进攻北匈奴使者。他们不清楚我们究竟有多少人，一定会感到很害怕，我们正好可以趁机消灭他们。只要消灭了他们，我们就大功告成了。"

为了避免郭恂胆怯害怕而暴露计划，班超直接率领将士奔向北匈奴使者驻地。当时刮着大风，班超命人拿着鼓藏在敌人驻地的后方，约好一见火起，就猛敲战鼓，高声呐喊。与此同时，他又命人拿着武器埋伏在门两边。

安排完后，班超顺风纵火，一时间三十六人前后鼓噪，声势喧天。匈奴人不知到底来了多少汉军，一时乱作一团，全员被歼灭。

第二天，班超将此事告知郭恂，郭恂又吃惊又嫉妒。班超不仅果决勇敢，也十分了解合作者的想法，懂得如何团结同僚，共同完成使命。班超便对郭恂说："你尽管没有与我们一起行动，但我们一同出使，我又怎么会独占这份功劳呢？"郭恂这才面露喜色。

班超于是请来了鄯善王，把匈奴使者的首级给他看。鄯善王大惊失色，恐慌不已。班超再好言抚慰，鄯善王即刻表示愿意归附汉朝，并把自己的王子送到汉朝当人质。班超就这样成功地化解了一场巨大的危机。

这也就是历史上著名的"不入虎穴，焉得虎子"的故事。

在整整三十一年的时间里，班超根据自己对西域各国形势的分析，提出了自己的主张，为加强汉朝与西域各国的联系，促进民族融合做出了巨大贡献。他最终被封为定远侯，世称"班定远"。

唐代诗人许浑曾有诗云："蓬莱每望平安火，应奏班超定远功"，讲的就是班超的历史贡献。

教育的本质应该是呵护生命的成长、成就有价值的人生。

因此，在我们的一生中，最重要的便是要树立远大的理想，追慕先贤。不论读什么书，学习怎样的知识，都应该是为了这个目标而努力。正因为如此，班固和班超，一文一武，所走的道路并不相同，却都在中华历史上留下了光彩的记录。他们的言行，都值得后人永远铭记、效仿。

沧溟先生 如是说

郦波
学习之道

第十二讲

读书与实践 哪个更重要

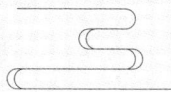

何必千里师，而后可受业。
何必万卷书，而后称博洽。读书
贵有用，岂徒资笔舌。立身一弗
谨，万事皆瓦裂。

———于石《示衢子》

人生最好的老师，就是生活；修行最好的鞭策，来自自我。

我国工程建筑的最高奖叫"鲁班奖"，这是由于工匠的祖师名叫鲁班。但古时"鲁班"这个称呼，其实饱含着那个时代中不为人所知的屈辱内涵。

鲁班并不姓鲁，他的名叫班，而他的姓为公输，全名应该叫公输班。

那为什么当时大家不称他的姓，却称他为鲁班呢？

就因为公输班是一名工匠。

在春秋战国时期，工匠大多属于奴隶阶层，甚至连平民都算不上。在中国古代很长一段时间里，工匠的户籍管理专属匠籍，而不属于户籍。也就是说工匠的地位比平民低，所以户口另列，以表明卑贱的身份。

因为身份卑贱，所以按规定，他们生产的东西可以署"名"，却不可以署"姓"，所以公输班生产制作的物品可以在上面刻上"班"的名字，却不可以刻上"公输"的姓。

生产中是这样，生活中也是如此，贵族称呼他们时一般只叫他们的名，而省去他们的姓，所以后来即使公输班声名鹊起，大家也只称他为"鲁国人班"，简称"鲁班"，而不称他"公输班"。

连称自己的姓都不行，可以想见当时鲁班的地位，也可想见他早年要想受到良好的教育是多么的困难。

当时，只有贵族有受教育的资格，连平民都不敢奢望享有受教育的机会，孔子的伟大亦在于此。他是第一个教授平民的教育家，破除"公学"垄断，兴办"私学"。所谓公学，就是贵族教育；所谓私学，就是平民教育。连平民受教育都这么难，就更别说隶属匠籍、等同于奴隶的"公输班"们了。

不过，命运只能决定人生的状态，却不能决定人生的价值。

公输班并不肯向命运低头，他虽然不能读书受教育，却用心地在生活实践中不断总结，不断摸索，不断提升自我。

有一年，鲁国国君要营建一座宫殿，限令三年之内必须完工。按当时的工程量，鲁班等人到山上砍伐建筑所需木料的时间，就不止三年。延误工期会被问罪，所有的工匠都是忧心忡忡。但鲁班却没有瞎着急，他一直在琢磨如何提高工作效率。

一天，鲁班上山伐木，他为了赶工而抄近道，不慎从一片陡坡上滑了下来。情急之下，他本能地去抓山坡上的树根与草木。滑到坡底的时候，一片柔嫩的小草划过他的掌心，鲁班顿时感到一阵剧痛。

他连忙摊开手心，只见鲜血淋漓，手掌心已经被划开了一道长长的口子。鲁班顾不得痛，皱着眉头思索一个问题：是什么样的小草，能有这样大的力量，居然可以划破掌心？

他找到那种小草，仔细观察，发现草叶的边缘全部长着锋利的小细齿。鲁班拈起一片草叶，用其边缘在手心上划过，果然，手心又多了一条口子。

鲁班怔怔地望着小草出神，突然草丛里蹦出一只螳螂，晃动着它的两条大刀腿向鲁班示威。看到小螳螂的前腿上也有一些小小的细齿，鲁班突然眼前一亮，拿着那片草叶兴奋地向山上跑去。这时的鲁班就像在洗澡时发现了浮力定律的阿基米德一样，心里充满了快乐，因为他已经找到了解决问题的最好办法。

鲁班在小草与螳螂的启示下，发明了锯子。他用锯子锯树，结果又快又省力，帮助工匠们按时完成了任务。

类似这样的小发明还有很多，鲁班肯动脑，肯钻研，渐渐成了一个非常有名的工匠，各国的君王都邀请他去制作东西。因为战争的需要，以及各国君王的邀请，鲁班发明了很多兵器。攻城时使用的云梯、水战时使用的钩强等，都是他的杰作。

随着名声渐大，以及国君与贵族们的重视，鲁班自己也渐渐得意起来。

一次，他遇到同样擅长发明创造但学问更大的墨子，就把自己刚刚发明的一个小东西展示给墨子看。这是一只用竹木削成的木鹊，神奇的是它居然能飞起来，而且能在天上飞三天之久，鲁班的技术真可谓出神入化。

可是墨子看完却不以为然，他对鲁班说，你也是出身贫寒，也知道百姓生活的艰难，你既然有如此的智慧，为什么不发明一些对百姓有用的东西呢？这种飞鹊不过是精巧好玩罢了，有什么用呢？况且，像云梯那样的兵器，只能帮助贵族们实现他们战争的野心，这样的聪明又有什么用呢？

墨子的话深深触动了鲁班，他开始自我警醒与反思。后来，他发明了很多农业机具与工匠使用的工具，以及锁钥等生活器具，为百姓的生活贡献了巨大的智慧。

他身边的人也都受到了他的影响。据说，我们在生活中离不开的伞，就是鲁班的妻子为了工匠们不受日晒雨淋而发明的。

鲁班虽然没有上过学，却成了工匠们的祖师，"鲁班"这两个字，也成了工程建筑科学领域中最高境界的象征。

反过来，古往今来又有多少贵族子弟从小接受着良好的教育，读着最精美的书籍，却四体不勤，五谷不分。战国时期，赵国将领赵括熟读书本上的理论，却没有实际作战经历，致使赵国大败于长平，四十万士卒被秦兵坑杀，纸上谈兵，贻笑万年。

所以大诗人陆游说："纸上得来终觉浅，绝知此事要躬行。"躬行的过程，既是对书本内容的消化，更是对人生价值与理念的不断修正与升华。

读书与实践，哪一个更重要？

事实上，两者不可偏废。感性的实践，依然需要理性的总结与归纳；而理性的认知，更加需要感性的反复验证与再度升华。事实上，读书也是一种"小实践"，实践更是一种"大读书"！

沧溟先生 如是说

郦波 讲

学习之道

第十三讲

读书做人不是两件事

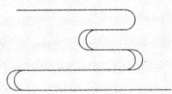

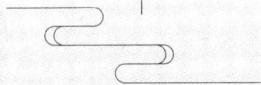

读书做人，不是两件事。将所读之书，句句体贴到自己身上来，便是做人的法，如此，方叫得能读书人。

——陆陇其《示子弟贴》

每个人都有自己喜欢读的书，喜欢的学科和方向，喜欢的学说和理论。只是，喜欢很容易，接受也不难，但要把相关的理念落实在学习和生活实践中，则要难得多。

富兰克林是美国伟大的政治家与发明家，对美国文化曾经产生过巨大的影响，后人甚至称他为"美国之父"。

富兰克林年轻时最喜欢读书，这和他在印刷厂的一段工作经历有很大关系。后来富兰克林自谋发展，自己也开了个印刷厂，读书与学习就更用心了。一天，他拿着新印出来的报纸去拜访当地一位有名的智者，报纸上有他新撰写的文章，内容是谈一个人应养成的美德，其中就有"谦逊"这一条。

智者是当地德高望重的老前辈，听说富兰克林要来，便开了门，坐在院子里等。

很快，富兰克林便来到了门口。这时候的富兰克林事业有成，年轻气盛，又满腹才学，走路时也是昂首挺胸。他走得快，看院门开着，便迈着大步打算径直跨入。

富兰克林的身材比较高大，而智者家的院门却出奇地矮小。意气风发的富兰克林并没有注意到这一点，结果因为走得急，头一下撞在了门框上。富兰克林一边揉着额头，一边看着这极为矮小的门楣，然后他不得不低下头，走进了院子。随后，他便看到了老人。

老人含笑看着还在揉额头的富兰克林，也看到了他手中攥着的报纸。不等富兰克林开口，老人就微笑着说："怎么样？很痛吧！可是，这应该就是你今天来访的最大收获：该低头时就低头，这才是真正谦逊的美德，也是我所能告诉你的来自生活的真谛。"

后来，富兰克林回忆说，这一启示给了他毕生的影响。一个人要有傲骨，但不能有傲气，明白这样的道理容易，但只有把这样的道理与做人真正地融合在一起，才有人生的大境界。

中国古代也有这样一位读书、做人合二为一的"富兰克林"，只是因为历史的讹误与误会，竟变成了读书、做人言行

郦波 讲
学习之道

不一的反例，他就是寓言故事里那个鼎鼎大名的"叶公"。

有关叶公好龙的故事，中国人大多耳熟能详。

故事是说春秋时期的叶公十分喜欢龙，衣带钩上画着龙，酒杯上刻着龙，屋里的家具上雕饰的也是龙。

天上的真龙看到叶公这样喜欢它，想给他一个惊喜，有一天就从天上下来到了他的家里。因为龙的身体太大，龙头从窗户向屋里探望，龙尾却伸到了厅堂里。叶公看到真龙，大惊失色，转身就跑，吓得像丢了魂似的，都无法控制自己。

如此看来，叶公其实并不是真的喜欢龙，他喜欢的只不过是那些像龙而不是真龙的东西罢了。

这个寓言用虚构的故事，形象生动地讽刺了那些只是表面上喜欢某件事物而实际上并不了解，或者徒有理想却不愿身体力行的人。

当然，这种表面上的喜欢，可以是附庸风雅，可以是从众，可以是为了达到某种目的做出的一种伪装，也可以是不知天高地厚的不切实际的追求，但最终都会因为粗鄙露怯，或者算计落空，或者伪装败露，或者力有不逮而留下笑柄。

这个有趣的故事狠狠地嘲弄、贬损了叶公，却实在是千古第一大冤案。

叶公原名沈诸梁，因曾被任命为叶邑的地方行政长官，后人为了纪念他，尊称他为叶公，而叶姓也因他而来。算起来，他是叶姓的始祖。

原来，"叶公"一名，是"为了不忘却的纪念"而喊出的尊称！那么，人们为什么要怀着尊敬的心情纪念一位"好龙"的"叶公"呢？

其实，叶公好的不是龙，而是河流、山川与水利。

沈诸梁来到叶邑后，发现当地经常发生洪涝灾害，百姓深受其害却毫无办法。沈诸梁自幼喜欢读书，尤其喜欢读地理方面的书籍，他来到叶邑后，就学以致用，用自己的地理知识测量当地的山川河流，并亲手绘制地图。河流、山川的图形像龙一样，而中国古代易学文化又向来喜欢把河流、山川比作龙，所以后世就以为叶公爱好的是龙了。

当有洪涝灾害的时候，洪水肆虐，民间自然以为是水里的真龙发威，叶公作为一个爱民的清官自然对其恨之入骨，并深以为忧。因此，竟讹传出叶公既爱龙、画龙，又厌龙、怕龙的传说，真可谓是冤枉至极。

叶公不仅没有言行不一，反而处处身体力行。他仔细地勘察了当地的地形、地貌后，开始规划并着手兴修水利工程，向大自然挑战。

他夜以继日、废寝忘食地工作，从绘制图形到指挥兴修水利工程，无不亲力亲为，百姓们在他的领导与组织下都干劲十足。叶公凭着深厚的学养，设计了东西二陂的水利工程，西陂主要用于拦洪，东陂主要用于蓄水，设计理念十分先进，十分科学。

工程完工后，当地再也没有洪涝之患，说明叶公学以致用，正是达到了至高的境界。

如今，东西二陂的遗迹尚存，它是中国最早的小流域成功治理的典范，作为出色的水利工程案例，比著名的都江堰工程还要早三百年。

后来，沈诸梁离开了叶邑，可当地的百姓还是尊敬地称他为叶公。再后来，楚国几经危难，沈诸梁每一次都运用他的才学与智慧挽狂澜于即倒，扶大厦于将倾，深受楚国人民的爱戴。

到了晚年，沈诸梁最后一次实践了他一生坚持的做人理念——主动让贤。他毫不贪恋权势，把手中至高的权位让给了年轻人。离职后的沈诸梁又回到他深爱的叶邑安度晚年，叶邑的百姓终于又一次盼来了他们敬爱的"叶公"。后来，沈诸梁的后人索性以叶为姓，以纪念这位伟大祖先的不朽功绩。

历史，有时充满了误会。但即便被冤枉，被误会，我们也愿像当年的叶公那样，好画"龙"，且治"龙"！

如果能用你的心读书，书上的道理就会融入你的心里；如果能用你的心做事，心中的道理就会融入所做的事里。

我非常喜欢这样的家训名言——"读书做人，不是两件事！"把从书本中学到的理论应用于实践，学以致用，身体力行，才称得上是真正的读书人。用今天的说法就是，只有积极投身社会实践、关心民生疾苦的读书人，才是真正的知识分子。

沧溟先生 如是说

郦波

学习之道

第十四讲

教就是一种学

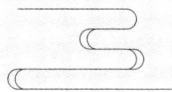

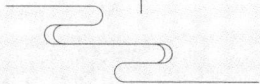

然教人读书，即是我读；教人做文字，即是如我自做；教人解书，即是我自解；教人熟而记得，即是我自熟自记得。教人便是自学。如此力行，不特人有长进，我亦自有长进。

——陈栎《与子勋书》

我们常说的"教学",并不是简单而静态的一个教、一个学,而是丰富而动态的教学相长。教的过程就是一种学,学则要学到足以教人的水平,这才是"教学"的真谛。

由此来看,教(别人)就是一种非常好的学习方法。

梁漱溟是现代新儒家早期重要的代表人物之一,有"中国最后一位儒家"之称,而这位著名学者,曾经差点儿与学术人生、大师之路失之交臂。

梁漱溟从小就是一个非常倔强也非常有主见的人,他六岁就开始由私塾开蒙读书,当时还不会自己穿裤子。小学连读了四个学校,学的却都是英文的 ABCD。

他中学毕业后,坚持自学的同时,还加入了京津同盟会,并且找了一份报社记者的工作。虽然梁漱溟出生在北京,小时候也接受了先进的西方教育，但在很长一段时间内，他却独独对佛学深感兴趣。当记者的同时，梁漱溟把自己的研究与思考写成了一篇文章，这就是有名的《究元决疑论》。

这篇文章之所以有名，不是因为它代表了梁漱溟先生当时的思想成就，而是因为它引起了一个人的注意，并由此造就了一段传奇。

这个对《究元决疑论》特别关注的人，就是民国时期著名的教育家，当时的北大校长蔡元培。蔡元培读到这篇文章后，认为它的作者——那个名叫梁漱溟的年轻人很有治学的潜力。

巧的是，没过多久北大招生，梁漱溟想继续深造，于是报考了北大。可惜，天不遂人愿，梁漱溟最后落榜了。对此，梁漱溟也没有多大的遗憾，因为他本来就抱着试试看的心态去应考的，况且他也明白北大并不是那么容易考上的。

得知落榜后，梁漱溟的生活轨迹并没有太大的变化，他依旧过自己原来的生活。可是有一天，却有一位神秘来客找到了他，这个人就是北京大学校长蔡元培。

蔡元培居然亲自来找一个落榜生，一个年轻人，这让梁漱溟十分激动，可面对落榜的事实却也无可奈何。

蔡元培问他："你的底子不错！怎么样，想到北京大学来吗？"

梁漱溟有些错愕地回答说："当然想，可是我已经落榜了。"

鼎鼎大名的蔡元培微微一笑："你落榜是因为要考北大，但到北大也不一定非要当学生，也可以来当老师。怎么样，有兴趣吗？"

梁漱溟看着蔡元培，足足半天没有说出话来。

蔡元培知道他是担心自己的学问不足以为人师，所以又开导说："当老师也是一种提高自身的方法呀！"

最终，在蔡元培安排下，梁漱溟这个北大的落榜生却进入了北大，当起了那些幸运儿的老师。梁漱溟始终不忘蔡元培先生的殷切希望，在教学的同时，更加努力地治学。要给别人一碗水，自己就首先要有一桶水，没有足够的底蕴，又怎能教别人呢？

短短一年，年轻的梁漱溟就写出了他人生中最重要的学术专著之一《印度哲学概论》。又过了两年，他再接再厉，继续创作出了奠定其一生学术成就，也是奠定其新儒家大师地位的著作《东西方文化及其哲学》。从此，梁漱溟作为顶尖学者在中国近现代史上书写了不一般的人生传奇。

回过头来看，这一切正是得益于蔡元培先生"亦教亦学"理念的贯彻执行。

在中国近现代学术史上，除了梁漱溟，还有一位国学大师的人生经历也颇富传奇色彩，与梁漱溟的经历颇为相似。

国学大师钱穆，也是新儒家的代表人物。他幼时极聪慧，七岁入私塾读书，十二岁的时候，父亲突然去世了，孤儿寡母，度日艰难。眼见着生活的重担落下来，可钱穆的母亲却咬牙坚持供钱穆读书，她相信这个聪慧的孩子一定是个"读书的种子"。

到了读中学的时候，又一个打击截断了钱穆的读书梦。当时武昌起义爆发，辛亥革命的洪流滚滚而来，原来的学校停办，钱穆被迫辍学。

钱穆曾经回忆说："我心中常有未能进入大学读书之憾，但并没有因此而意志消沉。矢志自学，闭门苦读。年十八岁，即辗转乡村，执教谋生。"原来，虽然遭受了辍学的打击，钱穆却并没有放弃求学、治学的梦想。他先是闭门苦读，继而做代课教师，在乡村小学执教，后来他又做中学教师。就是在乡村执教的十年中，钱穆一边教学，一边把教学中的思考写成文章，陆续发表在很多知名的学术刊物上。

这些文章渐渐引起了一个人的注意，他就是当时北京大学的教授、古史辨派大家顾颉刚。顾颉刚读了钱穆的文章后，为一个中学教员能有如此深厚的学术功底而赞叹不已。他后来找到钱穆说："君似不宜长在中学中教国文，宜去大学中教历史。"

这句话很有意思，顾颉刚极推崇钱穆的才华，并认为他的水平不逊于大学教授。但他并没有否认中学教员的经历帮钱穆积累了深厚的学术功底，他认为，钱穆要想进一步提升，还是应该去当更高一级学校的老师，接受更有难度的挑战。这也是教学相长的意思。

最后，正是在顾颉刚的引荐与帮助下，仅有高中文凭的钱穆先后成为燕京大学、北京大学的老师，而更高的平台果然促成钱穆最终达到了更高的境界。

教人读，即是我读！教人学，即是我学！
教人便是自学。教人的过程，不仅是他人成长的过程，也是自我长进的过程。给别人的学习以帮助，也同样是给自己的学习以帮助！

孟子说："人之患在好为人师。"

其实，孟子批评的是自我炫耀、浮夸不实背后那种好为人师的心态。但如果是作为一种激励自我、帮助别人的方法与手段，"好为人师"也就有其好的一面。

为了教别人，自己就要多下几分功夫；为了教好别人，自己就要进一步提高水平。这样一来，"为人师"其实也是一种自我鞭策，一种进步的机会。

沧溟先生 如是说

郦波
学习之道

第十五讲

品行培养 越早越好

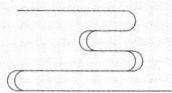

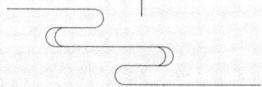

孩提知爱，稍长知敬，此性生之良也。知识开而习操其权，性失初矣。古人重蒙养正，以慎所习，使不漓其性耳。今日孺子转盼便皆长成，此日蒙养不端，待习惯成性，始思补救，晚矣！故端蒙养，是家庭第一关系事。

——孙奇逢《孝友堂家训》

很多人都听说过"司马光砸缸"的故事。

司马光小时候很机智，小朋友掉到水缸里，别的孩子都吓跑了，唯独他气定神闲，抱了块大石头，咣的一下把水缸砸了个洞。水哗的一下流掉了，水缸里的小朋友自然也就没危险了。

这个故事说明司马光从小就非常聪明，或者说他的智商很高。对于这一点当时的人也是公认的。

可这种智商很高的孩子，他的情商却并不是先天就能够形成的。

这话怎么说呢？我们通过另外一件事情就可以看出来了。

就在砸缸救人之后不久，小司马光有一天弄了一个青胡桃，他很想吃，可青胡桃的皮很硬，他扒不下来。总不能再拿块石头去砸了，那是猴子的吃法。于是他找到姐姐帮忙。姐姐很疼爱弟弟，也想把青胡桃的皮扒下来，好让弟弟吃个痛快。可惜她也没办法。

就在姐弟俩费劲折腾的时候，姐姐的一个玩伴儿来喊她。姐姐出去了，剩下司马光一个人，对着青胡桃更没辙了。正在这时，家里一个仆人刚好经过，看见小司马光对着青胡桃在那儿抓耳挠腮，他立刻就明白是怎么回事了。

于是仆人端来一碗热水，把青胡桃泡在里面，过了一会儿，青胡桃皮就软了。仆人把皮扒开，把胡桃递给司马光后就离开了。

司马光当时肯定是被这种扒胡桃皮的方法给镇住了，他大概想不到一碗热水居然还有这样的作用，也没想到成人的生活经验远不是一个儿童的天赋所能比拟的。他没顾着吃，只顾看着扒开的胡桃发呆。

就在这个时候，姐姐回来了。她一进屋就高兴地喊了一声："呀！小弟你真聪明，是你把皮扒开的吧？你用的什么办法呀？你怎么这么聪明啊！"

司马光对被人夸奖聪明都习惯了，心想要是这么聪明的扒

郦波 ⊕

学 习 之 道

皮方法不是自己想出来的，那不就说明自己不聪明了吗？

原来一直都是被人夸聪明的，现在不聪明了，那怎么行呢？再小的孩子也有虚荣心，他实在不能接受自己有可能不聪明的事实，于是他就点了点头，意思是：不错，上回砸缸，这回扒皮，办法都是我想出来的！

就在姐姐不停地夸奖弟弟的时候，司马光一抬头，看见姐姐身后还站着个人。

是谁呢？原来是他们的父亲。

司马光只见父亲一脸严肃地看着他，看得他心里直发毛。司马光的父亲坐卜来，让司马光垂手而立，然后很认真、很严肃地问他："这胡桃皮真的是你想办法扒下来的吗？"原来，仆人帮司马光剥青胡桃的时候，他父亲在院子里看得一清二楚。

司马光的父亲不等他回答，又接着说："一个很聪明的人，如果不诚实，品德不好，将来对国家、对社会的危害更大，还不如一个不聪明但很诚实的人。你很聪明，但如果不诚实，那你就连一个普通的孩子都不如！"

听了父亲这番话，一般的孩子大概还绕不出来。这话一会儿聪明，一会儿诚实，一会儿不聪明，一会儿不诚实，对于六岁的孩子来说，说得像绕口令似的。可司马光的智商跟一般的孩子不一样，他当然听得懂。

听完父亲的训话，司马光当时就哭了，承认自己撒了谎。据说那个胡桃他也不吃了，放了很长时间，一直用它来提醒自己要做一个诚实的人。

所以司马光一生最耀眼的闪光点不是他的工作能力，而是他的诚实。《宋史》就评价说，司马光一生最以诚、正立身。一是诚信，二是正直。正是在诚信、正直的支撑下，他的智慧才为他的人生赢得了巨大的声誉。

这个故事最早见于宋人笔记《邵氏闻见后录》。

每次读到这个故事的时候，我最为感慨的一点就是，司马光的父亲明明看到了仆人剥胡桃皮的过程，但他既不在仆人出现之前去帮自己的儿子，也不在仆人走掉之后去看司马光吃胡桃，更不在女儿问司马光是不是自己想出办法的时候现身，而要在司马光撒谎之后现身说法，这实在是一种极高明的教育方法。

要知道人性里既有向善的倾向，也有向恶的倾向。对于一个孩子来说，他能自发地向善固然是好，如果他自然表露出恶的倾向，也不是什么奇怪的事儿。但做父母的，应该在孩子降临人世之后每一个成长的关节点上，密切关注他的发展倾向，从而做出因势利导、对症下药的引导与教育，这才是对一个孩子进行早期教育的正确方法。

我们可以设想一下，若是司马光这第一次撒谎成功了，后来他的撒谎也大多成功了，大宋的历史上还会有一个能撰写《资治通鉴》的司马光吗？以他的聪明程度而言，倒是有可能再多一个蔡京，或者再多一个秦桧。

如果一个孩子真的长成了蔡京、秦桧那样的人，也就是说已经误入歧途了，再纠正，再教育，肯定已经来不及了。

所以，早期教育实在太重要了。而在立身和端正品行方面，开蒙早学更为关键。本文所引用的明末清初理学大家孙奇逢的家训名言，是说每个孩子都有善良的本性，但一旦开始掌握一些知识，相比于善良正直的品行，他们更容易被成人世界人事与权术的伎俩所吸引。这是一种非常危险的诱惑。所以孩子要早教，蒙养要端正，实在是家庭中第一等重要的事情。

伟大的生物学家巴甫洛夫曾说："如果你在孩子生下来的第三天开始教育，那你就已经晚了两天了！"

我们常说"亡羊补牢，犹未为晚"，以此来比喻事情还有补救的余地。

但要知道，成语里丢失的只是羊，若丢失的是孩子的品行、孩子的人生，这时的"补牢"就实在太晚了！不管人性本善还是本恶，相比于智商，情商上更易误入歧途，所以品德教育，越早越好；品格修养，最宜蒙正。

沧溟先生 如是说

一目十行是读书第一大病

欲速是读书第一大病，工夫只在绵密不间断，不在速也。能不间断，则一日所读虽不多，日积月累，自然充足。若刻刻欲速，则刻刻做潦草工夫，此终身不能成功之道也。

——陆陇其《示大儿定征》

孔子的学生子夏要到莒父去做地方行政长官，临行前向孔子请教如何才能把地方治理好。孔子告诉他说："无欲速……欲速则不达。"这其实就是说，不要急于求成，太着急反而达不到目标。

事物的发展要遵循一定的规律。循序渐进是发展的常态，违反了事物发展的规律，拔苗助长，往往适得其反。

一位年轻人拜一位著名的剑客为师，向其学习高深的剑法。他问师父多久可以基本掌握这套高深的剑法，师父说："十年。"他又问："如果我夜以继日玩儿命地练呢？"师父看看他说："三十年！"这个故事说的也是同样的道理。

读书时，"欲速则不达"的最典型表现就是一目十行。那么，一目十行为什么使"欲速"的阅读最后却"不达"呢？

第一，一目十行容易强化粗心的习惯，是副作用最大的一种浅阅读。

很多父母会埋怨孩子在学习中有粗心的习惯，其实不怪孩子，因为粗心是天生的，而细致、严谨却要靠后天培养而成。

一位很有名的学者去看望他的小学老师，因为他的孩子现在就读于他曾经就读过的小学。他向老师埋怨自己的儿子什么都好，就是学习太粗心，总是把加法看成减法，把汉字的形旁与声旁写颠倒。

老师听了微微一笑，站起身，进屋找了一会儿，拿出一个很旧的作业本给他看。这位已经成名的学者看了之后说："天哪，这是哪个孩子的作业啊，他比我的儿子还粗心！"老师笑道："这就是你小时候的作业本啊。"

事实上，在孩子形成科学思维习惯的过程中，粗心是每个孩子身上必然存在的一个陋习。

但如果到了一定年龄阶段与学习阶段，孩子还是改不了粗心的毛病，那就值得警惕了。而一目十行的阅读习惯正好强化了这种恶习，它不仅让阅读变得更加碎片化与肤浅化，也让科学思维习惯的培养难上加难。

一个粗心的木工在森林里砍了一棵大树，准备盖房子时用作栋梁。他把树拖回家，拿起锯子就锯了起来。锯完后，他才发现锯短了，只好改作门框。于是他拎起斧子砍，砍完后，才发现砍薄了，只好改作扁担。接着他拿出刨子刨，刨完后，又发现刨小了，只好改作刀柄。他操起削刀来削，削完后，他发现又削细了，只好改作牙签……这时候他已经累得满头大汗，只好把牙签含在嘴里，坐在板凳上喘粗气。突然啪的一声响，这根所谓的牙签也断成了两半。

粗心的木工把一棵可以成为栋梁的大树的价值消减到连一根牙签也不如；同样，一目十行的恶习也会让一本书的价值消减到连一根牙签也不如！

第二，一目十行容易破坏思维的逻辑性与连贯性，影响良好思维习惯的养成。

三国的时候，管宁与华歆是同学，他们常在一起读书学习。但管宁读书认真细致，华歆却急躁肤浅得多。

一次，他俩又坐在一起读书，管宁依旧读得很安静，华歆依旧是一目十行地读书。

突然，门外传来一阵喧哗声，原来有一个大人物带着豪华的车队和很多随从打门前经过，很多人上前围观，华歆也心动起来。起先，他看管宁还在安静地读书，也不好意思离开座位，但后来心痒难熬，就径直放下书本起身出去看热闹了。

看完热闹回来，华歆不好意思地看看还在读书的管宁，随后拿起书，准备坐下来。这时，只见管宁却突然放下书，先是看了两眼华歆，又拿出刀，把座下的席子从中割开，然后对华歆说："你再也不是我的好朋友了！"

这就是著名的割席断交的故事。但我们要问的是，华歆只不过是读书浮躁，喜欢凑热闹，管宁难道因为这点小毛病就要与他断交吗？其实，能到割席断交的地步，就已经说明一目十行、浮躁虚夸绝不只是小毛病了。

读书、学习，最终的目的是形成科学的思维方式，培养创新的能力，树立正确的人生观。其中，科学的思维方式与思维习惯是最重要的基础和出发点。没有它，知识的运用就是一盘散沙，创新的能力就无从谈起，人生的信仰也就缺乏永恒的支撑。科学的思维则是以逻辑性、连贯性为基础的，缺乏了逻辑性与连贯性，就不可能做到真正深入的分析、充分的演绎与高度的归纳，而一目十行的浮躁阅读最容易打破阅读、思考与治学时的逻辑性与连贯性，危害不可谓不大。

管宁之所以与华歆割席断交，就是充分认识到了这种恶习的危害性，不愿近墨者黑，受到恶友恶习的恶劣影响罢了。

第三，还应注意"一目十行"和"不求甚解"并不相同。

人们总是把"一目十行"和"不求甚解"放在一起，批评某人看书不细时往往两词连用，但其实两者一贬一褒，正负各异，放在一起实在是南辕北辙。

一目十行确实是一种浮躁的恶习，它让人在读书时不仅容易漏掉书本上的内容，也容易完全丧失了自我，不求甚解就不是这样了。

不求甚解的典故出自陶渊明，陶渊明在《五柳先生传》里说自己："好读书，不求甚解，每有会意，便欣然忘食。"这正是读书的一种至高境界啊！

读书有三种思想交流的境界。

一是跟书中人物的思想交流，二是与写书的人即作者的思想交流，三是跟自己的思想交流。陶渊明是说自己极喜欢读书，却不寻章摘句，总是能通过读书，达到瞬间的超越，达到与自我、与天地自然的交流。这种状态就像灵感突然闪现，激发思想的火花。这就是读书时最妙的境界。所以他才说"每有会意，便欣然忘食"，读书的快乐远远超越了美食的快乐！

好读书的人，一定不会一目十行，因为这实是读书的第一大病；好读书的人，有时会不求甚解，因为这是读书时的一种妙境。

读书勿求速，欲速则不达；读书要求悟，有悟才有吾！

沧溟先生 如是说

郦 波 讲

学 习 之 道

第十七讲

格物方能致知

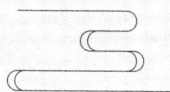

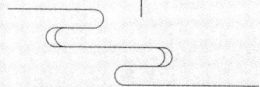

私欲去而聪明始开，致知故先格物；念头好而是非分明，实践乃为诚意。

——刘沅《豫诚常家训》

著名学者、剑桥大学教授、《中国科学技术史》的作者李约瑟先生，曾有一个著名的"李约瑟之问"，即"为什么中国人发明了指南针、火药、造纸术和印刷术，工业革命却没有发端于中国？为什么近代自然科学只能起源于西欧，而不是中国或其他文明古国？"

　　有关这个著名的"李约瑟之问"，历来争论颇多，答案也各种各样。我觉得其中一个重要的原因，在于东西方对"格物"理解的差异。

　　"格物致知"的典故出自儒家经典"四书"中的《大学》，儒家把"格物、致知、诚意、正心、修身、齐家、治国、平天下"作为儒学"八目"，其中"致知在格物，物格而后知至"是学习上的一个重要方法论，也就是说必须通过探究事物的原理来获得知识。

可以说，这一学习规律总结得非常好，也正是因为这种观念深入人心，我们的民族才会有墨子、鲁班这样的工程学大师，有蔡伦、毕昇这样卓越的发明家，以及有各种古代科学技术成果的涌现。

从本质上看，格物致知的精神与西方实验主义科学所崇尚的实验与实践的精神并不相悖，所以晚清洋务运动西学东渐时，当时主管物理、化学研究与教学的部门就被命名为"格致局"。

可是，当格物致知的观念随着儒家学说的发展日渐成为一种思维习惯而非行为习惯时，东西方的差异就开始显现了出来。

还是先来看一个重要的对比，这也是中国文化发展与西方自然主义科学诞生的两个重要的时间节点。

1489 年，后来的心学大师，当时还不到二十岁的王阳明有过一次著名的"格物"经历，他"格"的"物"是中国人特别喜欢、号称四君子之一的竹子。

据《传习录》记载，青年时代的王阳明准备专心治学时，因看到宋代理学大师朱熹特别强调格物致知，便决定与一位叫钱友同的同学一起实践一下。钱友同指着庭前的竹林说："圣贤都要格天下之物，我们就从这些竹子格起吧。"

开始，王阳明还只是预备队，钱友同打头阵。钱友同坐在竹林里，苦思冥想了三天三夜，却一无所获，反而生了一场大病，被迫半途而废。

王阳明怀疑是这位同学"格"竹不得法，于是亲自上阵。这一次他下了大决心，一定要融会贯通前贤之法。

于是，他坐在竹林中，看着根根翠绿挺拔的新竹，殚精竭虑，努力思索竹子背后所隐藏的大道与至理。他的决心很大，毅力与体力也远超钱友同。结果这一格，整整格了七天七夜。可七天之后，他与钱友同并没有什么两样，用他自己的话来说，是"亦以劳思致疾"，也同样一无所获，并因此生了场大病。

王阳明因此总结，朱熹所强调的格物致知其实已经误入歧途，这对他以后开创心学理论也起到了至关重要的作用。

时间过了整整一百年，到了 16 世纪末，又有一位青年，用他的"格物"之法为西方实验主义科学进行了伟大的奠基，这个年轻人就是意大利科学家伽利略。

1590 年，二十六岁的伽利略来到比萨斜塔前，他向人们宣称,亚里士多德在一千九百多年前的那个著名的定论——"物体的下落速度与重量成正比",只是一个想当然的说法罢了。

伽利略爬到比萨斜塔上,拿出两个铁球,一个实心的,一个空心的,他让两个不同重量的铁球同时从塔上落下来。惊人的事实冲击着人们固有的观念——两个不同重量的铁球竟然同时落地!

这就是著名的自由落体实验,它推翻了亚里士多德一千九百多年以来的定论,伽利略并因此总结出物理学上著名的自由落体定律。

当然,后来也有人怀疑伽利略进行试验展示的地点不在比萨斜塔,甚至质疑这一实验是否真实地发生过。但不论这个具体实验如何,伽利略却毫无疑问是一位实验大师,正是在反复实验的基础上,他发明了温度计,创制了天文望远镜,推翻了地球中心说,为后来牛顿定律提供了坚实的实验基础。也正是因为如此,伽利略被称为实验主义科学以及近代自然科学的鼻祖。

现在,我们可以将这两位伟大的人物进行对比了。同样是"格物",如果伽利略也像王阳明坐在竹林里那样死盯着两个铁球看，再看几百年他也一定不会发现自由落体定律。

那么，是王阳明对朱熹"格物致知"的认识错了吗？

其实，王阳明也没有错，从朱熹再往前，一直上溯到两汉经学乃至先秦儒学时代，中国人的"格物致知"走的就是与西方实验科学精神完全不同的道路。

从战国时的荀子以来，到东汉时的郑玄，到唐朝时的孔颖达，到北宋的程颢、程颐，再到南宋的朱熹，这些儒学大师所倡导的格物致知，重点并不在格物，而是在致知。

也就是说格物作为一种手段与过程，渐渐地被弱化了，最后只剩下一些形式而已。尤其是中国文化还受到玄学文化的影响，所致的那个"知"更贴近于一种"大道"的理念，这多少有些虚无缥缈的成分，这样一来致知的"格"法也因此跟着虚无缥缈起来，格物也就越来越偏向于一种思维方式，而非行为方式了。

总的来说，儒家的格物越来越空有形式，越来越缺少实践精神，这导致了我们在近代自然科学发展史上与实验主义失之交臂，错失了近代自然科学的启蒙与轰轰烈烈的工业革命。

所以，格物致知并没有错，同学们需要做的是掌握真正的

"格物"精神，多动手，多做实验，在实践中摸索、学习，掌握科学的真谛。

修心与实践，两者不可偏废。

近代自然科学的发展是由近代实验主义科学奠基的，"格物"的精神就是一种实验的精神。

在科学研究的道路上,这种实验的"格物"精神必不可少，尤其是年轻人，从小养成动手的习惯，从小养成实验的习惯，才能在科学研究的路上越走越远。

沧溟先生 如 是 说

第十八讲

学习最怕半途而废

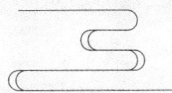

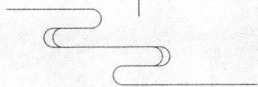

为学之要，如织机然，积缕成丝，积丝成寸，积寸成尺，积尺以成丈匹。若半途而废，如绢止半匹，不能成功。

——王师晋《资敬堂家训》

学习最怕什么?

有人说,最怕没有好的氛围、好的环境,并举出"孟母三迁"的故事以作证明。

事实上,孟母三迁的结果并不理想。

孟子很小的时候,父亲就去世了。母亲原本带着他住在一处靠近墓地的地方,孟子就跟小朋友天天去看人家发丧、出殡。孟母一看,孩子天天如此模仿,怎么行呢?

于是,孟母为了儿子的前途,决定搬家。

这一搬,搬到了一个菜市场的旁边。少年孟子又开始跟着一帮小朋友天天在菜市场里玩,模仿卖肉的人吆喝,还学卖菜的跟人讨价还价。孟母又感到了忧虑,怎么能让孩子天天如此度过呢?不行!为了孩子着想,这家还得搬。

这一次孟母可是想好了才搬家。她把家搬到哪儿了呢？搬到了一所学校的旁边。

看来，孟子后来游说君王的时候经常讲到"近朱者赤，近墨者黑"的道理，都是从他母亲那儿学来的。自打搬到了学校旁边，孟子可算有了令人满意的表现。

最早记载了这个故事的《列女传》说孟子"乃嬉为俎豆揖让进退之事"，也就是说孟子跟着学校的小朋友学，开始变得懂秩序、知进退、讲礼仪、爱读书了。

关于这个故事，很多人都很熟悉，大家都知道这体现了孟母的远见卓识以及学习环境对一个孩子成长的重要性。但是，孟母不惜一切代价把家搬到学校旁边，搬到了一个"近朱者赤"的好环境，是否就说明孟子一定能学好呢？

我们在"孟母三迁"的故事里好像看到了一个良好的结果，可这其实只是一个开端，并不代表结局。在记载孟母三迁的《列女传》里，紧接着还有一个"孟母断织"的故事。

孟母不仅想方设法把家搬到了学校的旁边，还想方设法让孟子上了学，这跟我们今天的不少父母喜欢择校有点相似。可即使孟母为此付出了很大的代价，但孟子毕竟是孩子，没过多久，他就跟很多孩子一样，慢慢又被惰性主宰了。

他开始不认真读书，甚至跟着一帮纨绔子弟一起逃学。虽然我们不知道那个时候的老师有没有家访，但看来孟母对这个残酷的事实也是知道的。

于是有一天，在孟子又一次逃学之后，孟母等到玩疯了的孟子回到家来，一句话不说，突然拿起剪刀，把已经快要织成的一匹布咔嚓一下就剪断了。

要知道孟母跟孟子孤儿寡母，没有别的经济来源，孟母能一次又一次搬家，并让孟子有学上，凭的就是她自己的一双手，一双善于织布的巧手。而织布也就是这母子俩最重要的经济来源。

在古代织成一匹布是非常不容易的。眼见着一匹布就要织成了，这时候把布剪断就意味着前功尽弃，母亲的这个举动让孟子也大惊失色，他不知道母亲为什么要把辛辛苦苦快要织好的布剪断，吓坏了，连忙问母亲为什么这么生气。

这时候孟母说："子之废学，若我断斯织也。夫君子学以立名，问则广知，是以居则安宁，动则远害。今而废之，是不免于斯役，而无以离于祸患也。"这就是说，你的学业就像我织这匹布一样，要是半途而废，那一定会前功尽弃。现在你要是再继续荒废学业，你就会毁掉你整个人生。

孟母这话虽然说得很重，但她对孟子并没有疾言厉色，也没有对着惊恐的孟子挥剪刀，甚至拿棍子抽打一顿，她只是用一个严重的事实——亲手毁掉自己马上要织好的一匹布——来警示孟子。

孟母的这个举动和这段话深深震撼了孟子，从此以后，他痛改前非，"旦夕勤学不息，师事子思，遂成天下之名儒"。

可见，不是"三迁"造就了孟子，而是"断织"造就了孟子。所以说，学习不怕没有好的环境，而是最怕半途而废，没有持之以恒的毅力与品行。

其实，人生的整个学习过程是如此，每一次学习，每一刻读书，也是如此。我们之所以强调学习最怕半途而废，是因为这种恶习最大程度上影响着良好的思维习惯与行为习惯的养成。

抗日名将冯玉祥读书学习时颇具传奇色彩，他每次开始读书，就在门外挂一个木牌，上面写着"冯玉祥死了"！意思是

郦波 ⊕
学 习 之 道

任何人、任何事也不许打断他的学习。两个小时后，当他读完书，才又挂上一块写着"冯玉祥活了"的木牌。可见其学习的决心，决不许自己有半途而废的恶习。

曾国藩一生读书，也最讲究"不断"，也就是读书学习时不允许别人或琐事来打断学习的进程。

同时在读书的过程中，他还有一个独有的新的体会，那就是"一书不尽，不读新书"。

就是说一本书没读完的情况下，不要急着读另一本书。就读书而言，很多人有这个毛病，这本翻翻，那本翻翻，美其名曰读了好多书，其实一本都没读完，一本都没读通、读透。而曾国藩强调："读书不二，一书未点完，断不看他书；东看西阅，徒循外为人。"就是说，他主张一本没读完，也就是一本没读懂，就不要忙着去读其他的书。这实际上同样是反对半途而废，同样是一种持之以恒。

苏东坡说过："可以食无肉，不可居无竹。"曾国藩则模仿说："不可一日不读书。"

后来，他晚年总结人生的时候，曾经自豪地对孩子们说，自己一生是"无一日不读书"！这话真是掷地有声。我以为，就算只做到了这一件事，这样的人生，也的确是值得骄傲与自豪的了！

人生治学的根本所在是人生的信仰与追求。

但除此之外，还要拥有良好的行为习惯与科学的思维习惯。而半途而废的毛病，不论是对良好的行为习惯的养成，还是对科学的思维习惯的养成，都有巨大的破坏作用。所以，学习最怕半途而废。

沧溟先生 如是说

郦波
学习之道

日出之光与秉烛夜行

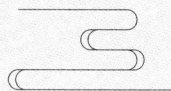

幼而学者，如日出之光；老
而学者，如秉烛夜行，犹贤乎瞑
目而无见者也。

——颜之推《颜氏家训》

颜之推的《颜氏家训》中有专门的《勉学》篇，他语重心长地阐释了勤勉学习的诸般好处和不学无术的严重危害，可谓振聋发聩，今天仍然值得我们记取。

　　《勉学》开篇就说，懂得儒家经典的意旨，涉猎浏览诸子百家的著作，即使不能优化人的品德操行，促进社会习俗和时代风尚，也可以成为一种技艺，让人们得以自己养活自己。

　　一个人不可能永远靠着父母兄弟，家乡、祖国也不可能永葆太平，一旦被迫背井离乡，流离失所，得不到庇护，就只能自己求助于自己了。

　　颜之推还引用了当时的谚语说："积财千万，不如薄技在身。"这句话的意思是钱财再多，也不如掌握一门能谋生的小技术，颜之推还指出在那些既易学又有价值的技艺中，没有比读书更强的。

读书做学问的目的就在于启迪智慧、擦亮眼睛以指导行动。然而，许多人只是希望自己见多识广，就是不懂得要认真读书学习。他说，这样的人，就好比想吃饱却不懂得烧饭、想穿暖却惰于裁衣一样，到头来还是挨饿受冻。

关于读书学习的最佳时机，颜之推认为，人们年幼时，精神集中，思维敏捷，随着年龄渐大，精力分散，思想也不易集中。所以必须尽早施教，千万不要坐失良机。当然，人生不免坎坷潦倒，如果因此而错失读书的大好年华，也应该珍惜晚景，从头学起，切不可自暴自弃。

颜之推一口气列举了历史上一大批大器晚成的例子。

曾子十七岁才入学，结果名闻天下。公孙弘四十多岁才开始读《春秋》，后来登上了丞相的宝座。侠士朱云也是四十岁开始学《易经》和《论语》，皇甫谧二十岁才发蒙读《孝经》和《论语》，结果两人都成了儒学大家。

颜之推说，这些人都是早年迷误继而觉醒的例子，而曹操和袁遗，年老而更加好学，可谓从小学到老不知疲倦的典型。荀子五十岁才开始到齐国游历讲学，仍然是受人尊敬的大学者。

世上有些人到了结婚的年龄还未读书，就以为太迟了，结果始终不开窍，这真是太愚蠢了。

历史上这样的例子其实数不胜数，如《三字经》中便说："苏老泉，二十七，始发愤，读书籍。"

这里的苏老泉就是苏洵，也就是苏轼、苏辙两兄弟的父亲，苏门三父子都是名列"唐宋八大家"的一代文豪。

古代读书人一般都是从幼年便进私塾读书，因为只有经历十年寒窗苦读，将圣人经典倒背如流，并且能理解透彻，才有可能科举顺遂。那为什么苏洵却是二十七岁才开始发愤苦读呢？

原来少年时期的苏洵不喜欢读书，而是四处结交朋友，游山玩水，向往四处游历浪荡的游侠生活，李白等皆是他崇拜的对象。

年长之后，苏洵进入学校学习，因为天性聪明，读书不是什么难事，于是也并没有专心致志。直到他第一次参加乡试，惨淡落榜，而看上去远不如他的却榜上有名时，苏洵猛然警醒。于是，他回到家中奋发图强，励志读书，终有所成。

不独中国的苏洵，法国化学家格林尼亚也经历了这样的人生变化。

年轻时的格林尼亚也是一个不喜欢读书的浪子。

他家境富裕，从小养成了吃喝玩乐、游手好闲的坏习惯，任性而毫无志向，考试几乎永居下游，而格林尼亚却依旧自命不凡，不以为然。

直到在一次舞会上，一位美丽的姑娘当众拒绝了他，并说自己最讨厌的就是他那样的花花公子。这时的格林尼亚感到无地自容，昔日的威风和傲气荡然无存。

被当众羞辱的他彻夜难眠，第一次感到自己的人生在他人眼里竟然是那样的不堪。

此后，格林尼亚痛改前非，重起炉灶，让一切从头开始。他给家里留下了一封信："请不要找我，让我重新开始，我会战胜自己，创造出一些成绩来的。"

格林尼亚想进里昂大学，但成绩太差，只好一切从零起步。经过刻苦努力，用了整整两年时间，他才把耽误的功课补习完。随后，格林尼亚进了里昂大学插班读书。他深知读书的机会来之不易，因而更加发奋努力，不敢再随意浪费一点儿时光。

格林尼亚在当时著名的有机化学专家巴比尔教授的指导下，把所有的化学实验重新做了一遍，并纠正了其中的一些错误和疏忽之处。就这样，在一遍又一遍平凡的实验中，他最终发明了格氏试剂，对有机化学合成的发展做出了重要贡献，他也因此获得了 1912 年度的诺贝尔化学奖。

离家八年之后，格林尼亚终于实现了自己的诺言。

颜之推曾总结说："幼而学者，如日出之光；老而学者，如秉烛夜行，犹贤乎瞑目而无见者也。"从小读书的人，就像初升的太阳，光明一片；老来读书的人，就像点亮的蜡烛，也能照路夜行，比起那些到死都一片黑暗、一点儿也看不见的人，还是强得多了。

颜之推慨叹士大夫子弟到了一定年纪都有受教育的机会，有志者经过磨砺可以成就事业，无志者稍一懈怠可能荒废一生。

梁朝全盛时期，官二代与富二代们条件优裕，大多不学无术，他们车驾华贵，衣着富丽，风度翩翩，招人艳羡，那时候的他们活得好不自在。然而离乱到来，他们失却了后台，失却了依靠，没有任何过硬的本领可以求诸身、用诸世，无不落得悲惨的下场。一到那时，这些无用之才的本质就彻底暴露出来了，所带来的恶果也彻底呈现出来了。

但这时再后悔，已经来不及了。

学习是一辈子的事。因此，联合国教科文组织才有了"终身学习"的提法。

如果从小懂得学习的意义，接受好的教育，自然是好；但即便有所耽误，只要及时领悟学习的重要性，从头学起，也能够做到亡羊补牢。

所以，只要开始学习，什么时间都不算晚。

沧溟先生 如是说

郦波 讲

学习之道

第二十讲

当梁启超遇到康有为

今人颜貌同于目际，犹不自瞻，况是非在于无形，奚能自睹？何则饰其容者，皆解窥于明镜；修其德者，不知访于哲人。

——李世民《帝范》

人能看到自己的脸吗？

看不到。可是眼与脸之间是真正的零距离啊！这么近，尚且看不到有形的脸，那么无形的是非，岂非更难看到？

于是，唐太宗李世民感慨地说："要美容的人，怎么能不照镜子呢？要美德的人，怎么能不寻访求教于哲人呢？"这里的"哲人"一词用得特别好，虽然那时的"哲人"与我们现在所说的稍有那么一点儿不同。

哲人的魅力实在太大了。

古希腊有一位哲人叫苏格拉底。作为一位雅典公民，他虽然曾经三次应征入伍，经历过战场上的生死考验，但他更愿意别人称他为哲人。作为哲人，苏格拉底平常最大的爱好就是思考，然后在雅典的广场上当众演说自己思考的结果。

所以，苏格拉底是一个擅长演说的哲人。

一天，苏格拉底又像往常一样在雅典广场上演说，这一次他演说的内容是有关真理的问题。他说虽然人们看不到，但真理一定是存在的。可是，掌握真理实在太难了，就算是他自己，也不是掌握真理的人，他说自己也只是真理与思想的"接生婆"。

真理的问题实在是一个太过玄虚的问题，也是一个没有多少实际意义的话题，所以听众寥寥无几，几个围观的人也不是太有兴趣的样子。可这时，一个身材魁梧的年轻人从这里路过。虽然只是经过，但出于雅典人喜欢听演说的习惯，他还是凑上前去。

年轻人名叫阿里斯托勒斯，出身于贵族家庭，是一个职业的摔跤手。他在圈子里还有一个外号，叫"宽"，是就他那魁梧的身材而言。魁梧的阿里斯托勒斯看着那个矮小的哲人滔滔不绝地讲述着，突然感觉那些言语宛如天籁进入了他的灵魂。对于那些不熟悉的理念，他自心底产生出一种仿佛天然的亲近感，他甚至觉得现场只有他完全听懂并理解了那个哲

郦波 学习之道

人的话。

这次旁听改变了阿里斯托勒斯的一生，他后来经过慎重的思考，放弃了摔跤手的职业生涯，拜苏格拉底为师，彻底改变了自己人生的方向。

全人类都应该感谢这次改变，因为这个名叫阿里斯托勒斯的学生完全传承并发扬了老师苏格拉底的思想，为古希腊哲学与人类早期文明的发展做出了巨大的贡献。他就是后来众所周知的哲学家柏拉图。

与苏格拉底同时期，东方也有一位伟大的哲人——孔子。

孔子在春秋时期兴办私学，推行平民教育。他主张仁爱，倡导礼乐治国，渐渐名声大振，最终成为万世师表、儒家圣人。

当时有一个名叫仲由的人，自幼家贫，后来混迹于市井之间，天生勇力，性子十分冲动。他听说孔子是大贤，是哲人，很不服气，便想去会会他。

于是他头上插着野鸡毛，腰间别着野猪牙，一副凶巴巴的样子去见孔子。因为野鸡与野猪都是极好斗的动物，仲由戴着这些装饰以示自己的威猛，想要吓唬孔子。

孔子正在讲学，看见仲由这身打扮泰然不为所动，而仲由听了孔子所讲的仁爱与礼乐，忽然心中大有感触。他伫立良久，幡然醒悟，然后痛改前非，拜孔子为师。后来，他成为孔子最贴心的弟子，也是孔门十贤之一，他就是《论语》中出现次数最多的孔门大师兄——子路。

所以，只有遇到过哲人的人才知道，能遇到哲人并拜哲人为师，实在是人生的一大幸运。

国学大师梁启超，少年时就是公认的天才。他六岁学完了五经，九岁能做千字文赋，十二岁就中了秀才，十七岁便中了举人。

梁启超中举的时候，主考官内阁大学士李端棻慧眼识珠，认定他"国士无双"，主动提出把自己的堂妹许配给他。曾经考过状元的副考官王仁堪也想把女儿嫁给梁启超。最终，李端棻抢先一步，抢走了这个众人公认的有着大好前程的天才。

在李、王眼中，梁启超的大好前程无外乎接着走科举之路，考会试，考殿试，中个进士应当毫无悬念，说不定还能像王仁堪那样高中状元，然后步入朝廷，位列九卿。

可是，梁启超接下来的发展却出乎所有人的意料。

梁启超考中举人后回到家里，准备接下来的考试。一天，同学陈千秋无意中告诉梁启超，自己要去拜访一位名叫康有为的当世大贤，还把康有为的思想说给梁启超听。梁启超听了也很感兴趣，就与陈千秋结伴去旁听康有为讲学。听后，梁启超如醍醐灌顶，茅塞顿开，他当即决定放弃科举之路，拜康有为为师，修正自己的人生道路。

正是这个决定让近代中国少了一位科举的进士，多了一位伟大的思想家、政治活动家与国学大师。这就是唐太宗所说的"知访于哲人"的力量吧！

唐代文学家、思想家韩愈在名篇《师说》中就提出："人非生而知之者，孰能无惑？惑而不从师，其为惑也，终不解矣。"那么，我们怎么办呢？"生乎吾前，其闻道也固先乎吾，吾从而师之；生乎吾后，其闻道也亦先乎吾，吾从而师之。"

在这篇文章中，韩愈可以说从根本上颠覆了师生关系。他说师之为师，不是由年龄、地位所决定的，而是以能否传道为标准。道所在处即是师，而且师不必贤于弟子，这就将传统以师为中心的观念转换为以求贤问道为中心，无疑深化了师生关系的本质。

这些论述对我们今天选择跟从什么样的导师，仍然具有十分现实的指导意义。

> 为什么说能"知访于哲人"是一种人生的幸运呢？
>
> 因为哲人就是思想家，就是不为一己却为整个人类命运思考的人。一个人的人生价值，如果只局限于自身的利益，那永远不过是池塘中水、井底之蛙，只有万水归川，百川归海，把人生的追求与奋斗放在全人类的利益上，放在伟大的理想和永恒的真理上，才能迸发出最耀目的光彩，激荡出最持久的回响。

沧溟先生如是说

郦波
学习之道

第二十一讲

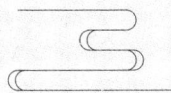

榜样的力量

读书做人，先要立志，想古来圣贤豪杰是我这般年纪时，是何气象？是何学问？是何才干？

——左宗棠《致孝威孝宽》

李商隐写有这样的名句："历览前贤国与家，成由勤俭败由奢。"

关于这句诗，后人大多关注的是后半句，将其视为勤以修身、俭以美德的警言；其实前半句"历览前贤国与家"也很重要，说出了中国人治学的一种方法——不仅从历史中获取智慧，更要以前贤为榜样，以古人的所作所为来激励自己。

晚清之际的民族英雄左宗棠，少负大志，身怀奇才，可是参加科举考试却屡试不中。但他并不气馁，他的老师贺熙龄也常称他为"国士"，并希望他能以前贤为榜样，自我激励，不负此生。

左宗棠于是专心研究经世致用之学，在山川、地理、经济、军事方面无不深入研究。就是在治学的过程中，他给自己取了号，名曰"今亮"。

别人都不明白这一名号究竟是什么意思，唯独他的好友、他的老师才明白他的志向——他要做当世的诸葛武侯，以当世的诸葛亮自许！

当时，名满天下的林则徐路过湖南时，当地的军政要员一概不见，却点名要见身为布衣，且辈分远逊于他的左宗棠。左宗棠夜晚来见，视力不好，不慎落水，见到林则徐时浑身已经湿透，但面不改色，浑然自适，连林则徐也为他的气度所折服，称他有古人之风。

后来林则徐将毕生收集、绘制的西部山川地图与典籍尽数交给年轻的左宗棠，并断言将来能担当经略西北大任的，非左宗棠莫属。

两江总督陶澍，身为东南重臣，与左宗棠是湖南老乡。他认为湖南人中唯左宗棠有古人风，所以不顾左宗棠只是布衣的身份，坚持要与左宗棠结为亲家，让唯一的儿子与左宗棠的长女定亲。陶澍还在自己死前，将儿孙等家人完全托付给了这位湖南同乡。

太平天国起义爆发后，在这场历时十余年的战争中，朝廷上下有这样一种声音——"天下不可一日无湖南，湖南不可一日无左宗棠！"

就像当年的西蜀，哪可一日离了诸葛亮？

后来，新疆阿古柏叛乱，沙俄趁机侵占伊犁，将势力渗入新疆，妄图分裂中国。

当时保守派李鸿章主政，因为新疆位于边远地区，鞭长莫及，他甚至提出要放弃新疆。

在此危难的历史时刻，左宗棠拍案而起，认为当寸土不让。他主动请缨，以六十余岁高龄，带着当年林则徐亲手绘制的新疆地图，带着千万国人的重托，领兵远征。

临行前，他特意让人做了一口棺材，带棺出征，意欲效仿诸葛武侯，"鞠躬尽瘁，死而后已"！

正是因为有左宗棠的坚持与浴血奋战，新疆才得以保全，左宗棠也因此被称为民族英雄。

收复新疆后，左宗棠在新疆植树造林，筑路开田，兴修水利，关注民生，并建议于新疆建省。左宗棠此举，可谓意义深远。如今，新疆各地还植有很多被称为"左公柳"的柳树以示当地人对左公的纪念。

不只林则徐、左宗棠，以古人、前贤自命是很多古代知识分子自我激励、立志做人的方式。越是人生坎坷时，越是国破家亡时，越是民族危难时，就越是要以本民族的前贤来自我激励。

一个有知识、有情怀的人，应该有这样的志向：我们是历史发展的一环，是文明前进的一步，我们纵然卑微、平凡，也要为人类的光明燃烧一份光热，贡献一份力量！

尽管我们有时也会沮丧，有时也会觉得这种理想太过渺茫，但我相信，只要想起左宗棠的警言，我们就一定会精神百倍，浑身充满无穷的力量！

沧溟先生 如是说

郦波

学习之道

第二十二讲

学习也要有气势

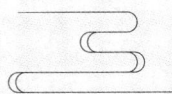

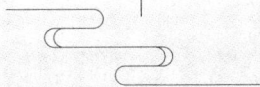

园中看新竹挺生，有不可遏之势。人之为学，亦须蒸蒸日上，不可存委靡不振之心。

——王师晋《资敬堂家训》

中国传统文化，自易学开始，就特别讲究"气"与"势"。

古人讲精、气、神，现代人讲气场。文人讲文气，武人讲胆气。侠客讲豪气，诗人内蕴不平之气，老百姓也讲究些兴旺之气。

所谓"气"，就是一种生机，一种活力，一种能量。

有"气"还不够，还要有"势"。"势"，就是生机的良性循环、良性发展。只要势成，自可百尺竿头，更进一步；若大势已去，自然萎靡不振，人力难以回天。

治学也需要有气场，有气势。

钱钟书先生年轻时曾被称为"民国第一才子"，他考清华大学时文科极好，数学却极差，当时的主考官甚至因为这个年轻学子心里矛盾万分——欲退不忍心，欲取又不敢。最后只好当作特例，请示校长罗家伦。

罗家伦仔细看过钱钟书的试卷后，大笔一挥，作了"此为奇才，破格录取"的定论。

作为奇才进入清华的钱钟书，果然有奇才的模样，他的气场之强大，让清华上下皆惊。他一进清华，便宣称："我来清华，是为了来横扫清华图书馆的！"口气之大，让人侧目。

可是，接下来的事实不得不让人信服。

据他的同学回忆，钱钟书简直是读书的天才，他每个礼拜都去图书馆抱一堆书回来，一个礼拜读中文书籍，一个礼拜读英文原版书籍。而且他的记忆力与理解力十分惊人，几乎过目不忘，并能举一反三。时人都称他有"照相机式的记忆"与"异常活跃的思维"。

一次，他选修冯友兰先生的逻辑学，把前届同学的上课笔记借来一观，一字不漏地记下了冯先生所讲过的所有英文原文与学术引语。然后，钱钟书被哲学系高年级学长邀请去参加学术沙龙，他一人舌辩群儒，才惊四座，没有人不被他的才学所折服。

郦波 讲
学习之道

但如此强大的气场并不只是天赋，钱钟书的夫人，也是他清华的同学杨绛后来回忆说，钱钟书读书是有气势的，什么事情都挡不住他"好读书"的乐趣。而他的所有假期、所有闲暇时间也都是用来读书的。作为一个南方人在北京清华读书四年，钱钟书甚至连玉泉山、八大处这些近在咫尺的景点也没去过一次。

这个年轻学子果然横扫了清华图书馆。对他一生读书之多、读书之深，无数学者无不由衷赞叹。后来，钱钟书去北京大学任教，文学研究馆中大量藏书的借书单上到现在也只有过一个名字，那就是钱钟书。

1998 年钱钟书先生逝世后，杨绛把钱钟书的稿酬、版税一起捐给了清华，设立了"好读书"基金，一则资助穷困学子，二则激励他们要像钱钟书先生当年读书那样，有不可遏止的气势，有蒸蒸日上的气象。

其实，读书、治学之所以要有气场，要有气势，不仅是因为这样可以激发内在的潜力，更可以因此改变恶劣的环境，变不利条件为有利条件，使恶性循环变为良性循环。

有很多人在成长的阶段，一旦遇到艰难的条件与困苦的环境就容易气馁，这时就尤其需要一种内生的强大气势。

英国物理学家布拉格是诺贝尔奖获得者，也是现代固体物理学的奠基人之一。他小的时候，家里十分贫困，但这段幼年贫困的经历却成了他一生最珍惜的时光，也是激励他终身前进的动力。

一切，只是因为一双大皮鞋。

小布拉格因为家里穷，在外求学时经常衣衫褴褛，脚上则穿着一双与他的脚很不相称的破旧的大皮鞋，小伙伴们总是借此嘲笑他。可出乎所有人的意料，对于小伙伴们的嘲笑，小布拉格从不感到沮丧，他甚至不以那破旧的大皮鞋为耻，反以它为荣。

原来，这双鞋子是他父亲曾经穿过的鞋子。因为家里穷，不能给他买新鞋子，父亲就把他穿过的一双稍小的皮鞋寄给了小布拉格。可是，在父亲那里稍小一些的鞋，在小布拉格的脚上就成了特大号，换了别人肯定不愿意穿，可小布拉格穿着这双大号的皮鞋却不亦乐乎。

这是为什么呢？因为父亲的一封信给小布拉格心中带来

的一种气势。

父亲在信里说："孩子啊，真是抱歉，我只能把我穿过的这双皮鞋寄给你，但愿再过一两年，这双鞋在你脚上就不那么大了……我之所以把这双鞋寄给你，还有另外一个原因，就是我还抱着一个伟大的希望，这个希望就是，如果有一天，小布拉格有了伟大的成就，我将引以为荣，因为我的儿子是穿着我的破皮鞋努力奋斗，走向成功的！"

这实在是一个睿智而伟大的父亲，他用一双皮鞋点燃了小布拉格心中的希望与志向，小布拉格因此喜欢上了这双大皮鞋，他要穿着这双大皮鞋实现父亲的愿望。

他每一次的努力学习，就仿佛看到自己离那个目标更近了一步，而这双被别人嘲笑的大皮鞋就是最伟大的见证。所以尽管这双大皮鞋备受别人嘲笑，却成了小布拉格的最爱。

成年后的布拉格回忆说，他那时从未觉得艰苦，反而为此充满了奋斗的快乐，因为那双大皮鞋仿佛一直有一股神奇的无形力量，推着他在充满荆棘的路上奋勇前行。

所以，正如清代学者王师晋的家训中所说的，年轻人为学，就应像园中新生的竹子，节节挺拔，努力向上，有不可遏止的气势，这样的学习才会蒸蒸日上，这样的人生才会有大气象。

人们喜欢把青少年比喻成早晨八九点钟的太阳，就是因为这时候的太阳代表着新生的希望，代表着生机与活力，代表着不可抗拒的发展趋势。

年轻人应该把这种发展趋势移植到自己的学习生活中来，治学要有气场，读书也要有气势，这样的人生，才会有气象。

沧溟先生 如是说

郦波 学习之道

第二十三讲

了解社会 才有作为

当稍知稼穑之艰难，尽其求学之本分。非然者，即学成归国，亦必无一事能为，民情不知，世事不晓，晋帝之"何不食肉糜"，其病即在此也。

——张之洞《复儿子书》

《晋书》记载，晋惠帝年间，天下荒乱，百姓多饿死。惠帝昏聩，偶然听说后竟然奇怪地问左右："他们怎么会饿死呢？他们怎么不吃肉粥呢？"

　　这个无知的帝王，以为天下人都和他一样，都有肉粥吃。他坐在最高统治者的宝座上，根本不知道天下与社会是个什么样子，他的无知也成为千古笑柄。

　　其实，每个人都有成为惠帝的危险。虽然你也读书，虽然你也求学，但如果不开阔自己的眼界，不了解社会，不深入生活，不放眼世界，你就可能局限于一隅之地，做一只井底之蛙，即使成绩再好，也因不谙世事而难有作为。

　　佛祖释迦牟尼原名乔达摩·悉达多，是古印度迦毗罗卫国的王子。作为王子，他养尊处优，并不了解百姓的疾苦，所以虽有向善之心，也有才学，却一直没有真正走出成佛的步伐。

后来，他决心走出宫廷，去民间看看。

他走到王城的东门，看到路边躺着一位身体极瘦弱的老人。王子不由心生怜悯，心想自己有一天也会这样老去吧！

他走过王城的南门，听见路旁的茅屋中传来凄厉的叫声，他进去一看，看到简陋的床上躺着一位正值壮年的病人。那病人面色萎黄，痛苦万状，王子见了，含泪脱下自己的外衣，盖在病人的身上。

他又走到王城的西门，看到一支送葬的队伍，亲人们为死去的人号哭送别，哀伤至极。王子听了也不禁落泪，心想有一天自己也会送别亲人，也会终有一死，被亲人送别吧！

他出了王城的北门，听见农村的屋舍里传来婴儿的啼哭声，又看见农民赤裸上身，在炎热的天气里汗流浃背地辛苦劳作。王子的心中更生发出一种说不出的情感。

乔达摩王子回来后，发下大誓愿，要拯救众生，要帮助世人摆脱生老病死之苦。从此，世间少了一位王子，多了一位先知。

所以，乔达摩王子的经历告诉我们：了解生命，才有慈悲。

中国春秋时代有一个名字叫翟的年轻人，他的家庭世代务农，他在少年时代边学习边辛苦劳作，对平民百姓的疾苦与生活有着深入的了解。

他后来发愤苦读，外出求学，拜儒生为师，学习儒学之术。在彻底掌握了儒学的礼乐之道后，善于思考的他对儒学产生了怀疑——烦琐的礼乐形式，只能迎合贵族的需要，又怎能为百姓的生活、为国家的发展带来实际的好处呢？

毫无疑问，是来自底层社会的生活积淀让翟大胆地怀疑自己现在的所学所闻。翟是一个有主见的人，也是一个有着创新精神的人。后来，他彻底否定了儒学那套只重形式、不重实用的理论，转而形成自己的观念。

翟结合自己的人生经验，提出人与人之间要"兼爱"，国与国之间要"非攻"，贵族阶层应与百姓一样尚贤、尚同，百姓应在生活点滴中节用、节葬。他反对战争，倡导和平，并身体力行，四方奔走，以一己之力维护天下百姓的利益。

很快，无数的有识之士追随到他的身边。他就是我们前面曾经提到过的墨子，他的学派被称为墨家，影响不逊于儒学，所以先秦时便有"非儒即墨"之说。

墨子的经历告诉我们：了解社会，才有作为。

晚清时的中国，由于夜郎自大、闭关锁国而日趋落后，终于被西方世界的坚船利炮轰开了国门，陷入了屈辱沉重的近代史的黑暗中。但夜郎自大的心态不是容易改变的，整个社会的氛围还是故步自封，谁要谈到西方之学，就会被知识分子们群起而攻之。

但是，毕竟还是有筚路蓝缕的有识之士，他们甘冒天下之大不韪，也要冲出国门，放眼世界。

湖南人郭嵩焘第一个主动请缨，要求出任驻英国与法国大使，这一举动开辟了中国近代的外交史，也让当时的国人大惑不解——泱泱华夏的知识分子主动要求去"蛮夷之地"，这不是去当人质吗？

当郭嵩焘把出使英法的所见所闻写成《使西纪程》出版后，看到他在书中赞美西方世界的科技与文明，举国哗然。郭嵩焘后来郁郁而终，也因此被称为"孤独的先行者"——虽然孤独，却不失"先行者"的伟大！

踏着郭嵩焘的足迹前行的，是我们前面提到过的曾纪泽。

曾纪泽早年读书就放弃了传统知识分子的科举之路，带着寻找差距、振兴国家的远见卓识，开始学习西方文化与各种社会学科。他继郭嵩焘之后成为中国驻英、驻法、驻俄等国大使，凭着过人的胆识与智慧使中国在当时的世界外交界中脱颖而出，也使得国人开始正视自己的国家与世界上其他国家的差距。

另一个更典型的例子，则是被后人称为"中国留学生之父"的容闳。

还在举国闭塞的时代，幼年的容闳就远离家国，赴美求学。最终，容闳成为第一个在国外获得学士学位的中国人，全球视野让他报效国家的远大志向有了落实的具体途径。

容闳学成之后，谢绝师友的挽留，历尽千辛万苦，跨越重洋，回到中国，提出办实业、兴工厂、行文人政治、走教育兴国等七条救国主张，并帮助曾国藩开展洋务运动，筹建中国第一个机器制造厂，也就是后来鼎鼎大名的"江南制造局"，为近代中国走出落后屈辱的泥沼贡献了毕生的力量。

在容闳去世之后，美国当地媒体评价说："这是一个伟大的爱国者，他的眼光与能力帮助了他身后那个最需要帮助的祖国！"

所以，正是这些先行者的伟大告诉我们：了解世界，才能有报效家国的大作为。

死读书、读死书只是书呆子的行为，学习贵在创新，而创新能力的形成，不仅要有知识的积淀，更要有生活的沉淀。

社会与生活，世界与家国，才是摆在学子面前更博大、更丰富、更重要的一本"大书"！

沧溟先生 如是说

郦波 讲
学习之道